SPEAK OUT

HOW TO TURN YOUR WORDS INTO SWORDS

最高說話術

改變上千名大老闆和企業幹部的 50 個說話技巧

世界最高の話し方

岡本純子

賴郁婷 —————— 譯

前言

「改變說話方式，人生也會跟著截然不同」
「不管從幾歲開始，說話方式都可以有顯著的改變」

「走到這邊來。」
「手擺在這個位置。」
「這句話可以試著換成這樣說。」

大家看來可能會以為這是導演在指導演員的舞台動作。

事實上，身為**「『說話技巧』私人教練」的我**，跟**「學生角色」的企業老闆**之間的對

話，大概就是像這種感覺。

經過不斷練習，這些原本只會在講台後方唸著演講稿的「學生」，漸漸地聲音開始變得有張力，表情也更豐富了。

有些人**不過只是在演講前加了「簡單的一句話」，便讓台下聽眾個個笑得合不攏嘴、聽得入迷；「只靠簡單的一個建議」，就讓原本不知道怎麼跟員工聊天的大老闆，開始滔滔不絕地聊起天來**。

這一切就像原本死氣沉沉的人偶，頓時「一百八十度大轉變」，被賦予了生命和活力，開始動了起來。

「改變說話方式，人生也會跟著截然不同。」

「不管從幾歲開始，說話方式都可以有顯著的改變。」

這就是「學生」最常給我的回饋。

☑ 協助上千名大老闆和企業幹部改變「說話方式」

我的工作是「高階主管的說話（演說）訓練師」，至今已經指導過上千名大老闆和企業幹部，幫助他們改變說話的方式。

雖然基於立場的關係沒有辦法公開這些人的名字，不過大致來說都是以下這些人：

★日本屈指可數的大型汽車製造商老闆、董事
★某大型電機製造商的經營團隊
★大型資訊科技公司老闆、巨型銀行董事
★國際外資藥廠、科技企業的外國老闆們
★知名的魅力型領袖

全是**日本家喻戶曉的代表性大企業領導者**。除此之外還有：

★「某」知事、閣員、政治家、官員
★醫院院長、大學校長

這些在工作上需要具備「說話技巧」的人，**從做簡報到一般的閒聊，只要是關於「說話」的任何問題，我都能為他們提供解決方法和具體的建議**。

大型外資企業女董事的巨大轉變

身為「『說話技巧』私人教練」，我收到許多來自大老闆和公司董事、企業幹部給我的回饋，包括：

「以前從來沒有機會可以學到這些。」

「以前我都不知道該怎麼說話，現在我終於找到『答案』了。」

我曾經教過一位某大型外資企業的女董事，她原本是個「容易緊張，不敢在大家面前說話」的人，後來定期接受我的訓練之後，**如今變得截然不同，不僅「熱愛在眾人面前說話」，「面對人生也變得十分積極」**。

這些正向改變不只發生在她的身上，很快地也影響到她身邊的人和聽眾的反應，大家都說：

「老闆變得跟以前完全不一樣了。」

聽到這樣的評語和看到聽眾的反應，讓她變得愈來愈有自信。

許多菁英都有「說話」方面的困擾

各位可能會覺得意外，**很多已經爬上大型企業金字塔頂端的日本菁英分子，其實也有「不擅言詞，希望能變得更會說話」的困擾**。

在日本幾乎沒有機會可以有系統地學習到「說話」和「聆聽」的技巧。沒有公式，也沒有教科書和老師可以教你這些。

非但如此，大家也都深信這種事「不用說也知道」、「說了就會懂」，就像有句話說「心領神會」一樣。但是，很多日本人其實都有「說話」方面的困擾，覺得自己不會說話，例如**沒辦法表達自己的想法，不知道怎麼跟別人好好地聊天、不敢在大家面前說話等等。**

即便是領導階級的人，也完全不懂「說話」技巧，只能盲目地用「自己的方法」去做。

日本就是這樣一個**「說話技巧」不及國際水準**的國家。

以系統化傳授「全世界最厲害的說話技巧」

我在從事「『說話技巧』私人教練」之前是一名記者，採訪過許多國內外企業家，包括軟銀集團的孫正義社長、日本電產的永守重信會長等。這讓我有機會可以近距離地觀察和研究他們的說話和表達方式。

我也曾遠赴英國**劍橋大學**學習「國際關係」，**向世界菁英請教，接受「說話技巧」的薰陶**。

後來我因為個人因素辭去報社的工作，到美國**MIT（麻省理工學院）針對「網路之於媒體與人際溝通的改變」進行研究**。

同時我也在同一條街上的哈佛法學院學習談判技巧，**受教於許多美國頂尖商務人士、政治家和學者等「知識的巨人」**。

三年半之後，我回到日本從事「公關顧問」，開始接觸領導階層的媒體訓練等工作。

不過，**其實我自己是個非常容易「害羞的人」，雖然在國外大學學會了溝通的知識和技巧，卻還是不敢在眾人面前說話**。

我告訴自己一定要克服自卑感，大方地在大家面前說話。於是我再一次遠赴美國，在紐約開始投入「說話技巧的修業之路」。

紐約這個城市給我的一大衝擊是：學習溝通的場合無所不在，相當多元。

除了學校之外，街上隨處可見各種工作坊跟課程，每個人都可以**像上健身房一樣下了班順路去上課，精進自己的「說話技巧」**。

於是，我就近利用這些管道，向許多簡報講師和研究者等溝通方面的頂尖專家們「拜師學藝」，鑽研國際級水準的說話技巧。

就這樣，經過無數次的冷汗直流後，漸漸地我發現**溝通對我來說已經變得跟呼吸一樣輕鬆自如**。

★記者和公關顧問的實戰經驗

★國際性領導人物的溝通技巧

★經過腦科學、心理學、戲劇學、人類學等學術研究證實的國際級水準的說話技巧

我將自己所擁有的以上三項知識加以融合、統整，彙整出一套**獨創的「說話技巧提升術」**。

我把這套方法傳授給各大企業的高階主管，**得到驚人的「前後對照」成果。這份優異的成績讓我獲得肯定，許多企業老闆和董事都紛紛找我去當他們的「私人教練」**。

我從事「『說話技巧』私人教練」這份工作至今已經將近十年。**教過的企業幹部人數更是多達上千人。**

「『說話技巧』傳奇私人教練」全知識技能毫無保留完全大公開

親眼見證過上千人「脫胎換骨」的我，可以很有自信地告訴大家：

說話絕對不是什麼與生俱來的「才能」。

說話是一種「技巧」，只要懂得一些方法和訓練的機會，再加上有人從旁協助，不管從幾歲開始都能輕鬆學會。

透過小小的「領悟」改變心態，找到身為領導者的存在感。

這改變的身影，每一次都讓我深深覺得**說話技巧正是「讓人採取行動、啟動人生的『魔法棒』」**。

我希望更多人能夠擁有這支**「魔法棒」**，讓人生變得更快樂、更輕鬆。

基於這個原因，我決定將這些**不外傳的「溝通技巧」整理成書，分享給大家**。

在這本書當中，我會把自己**從世界頂尖菁英們身上學到的技巧，以及身為「『說話技巧』傳奇私人教練」私底下只傳授給高層人士的「贏得他人『共鳴』與『信任』的最強說話公式」**，全部毫無保留地完整介紹給大家。

這裡頭精選了許多讓不少領導階級「恍然大悟」且給予肯定的**「國際級水準說話方式」**的最強技巧。

新冠肺炎的疫情加快了「遠距辦公」和「線上會議」等全新工作模式的腳步，今後這股趨勢恐怕也不會改變。

在這樣隔著實際距離的時代，**拉近人與人之間的心理距離、建立起關係的「溝通」**，**變得更加重要了**。

針對像這樣的遠距溝通，本書也會提供非常多**能立即見效的方法**。

我希望這本書可以幫助大家隨時隨地依照自己的喜好與他人建立關係，成為夥伴，彼此互相協助。

幫助大家堅強走過接下來不可知的未來。

我衷心期盼每個人都能透過這本書找到**後疫情時代的「最強生存技能」**，建立堅定的自信，活出更精采的人生。

〔目次〕

最高說話術

改變上千名大老闆和企業幹部的50個說話技巧

第3章……讓大家都對你心悅誠服！——聰明人都在用，簡單明瞭的說明的技巧

結語——247

第1章

一開口就建立關係！

——健談的人讓人「想繼續聊下去！」的聊天、對話的技巧

☑ 菁英分子也有「不會閒聊」的煩惱

日本企業的高階主管大多個性沉默，不太會閒聊。

這些人一致的煩惱就是「**不會聊天**」。

在國際會議上看著外籍主管們熱絡地談話，自己卻完全無法加入對話，在公司裡跟下屬聊天也說不上幾句話。在工作方面雖然說起話來辯才無礙，可是一遇到沒有主題的閒聊和對話，一開口就是會卡卡的。

這些都是他們的共同心聲。

事實上，很多日本的頂尖菁英也都有「不會聊天」的困擾。

到底要怎麼做才能成為「**閒聊達人**」呢？

技巧1

「聊天的內容」也許會忘記，可是「印象和感覺」會一直留在對方心中

比起「說什麼」，更重要的是「給對方什麼感覺」

閒聊的英文叫做**「small talk」**，可是它帶來的效果可是一點也不容小覷。

因為閒聊是進入正題的「前言」，也是建立人際關係的第一步。

世界頂尖菁英為什麼都很重視「閒聊」？

跟國外的高階主管對話會發現，他們「切入」話題的技巧十分高明，令人驚嘆。

他們會帶著笑容以「How are you?」主動靠近問候，在聊天的過程中也會很自然地聊到家庭等工作以外的私生活，所以能很快地跟人拉近距離，一下子就建立起彼此之間的信任

關係（彼此心意相通）。

這些世界頂尖菁英們之所以都非常重視這種「閒聊」的技巧，是因為他們都很清楚：**在溝通的過程中，「帶給對方什麼感覺」遠比「聊天的內容」更重要。**

☑ 就算忘了「聊天的內容」，但是「當下的感覺」永遠不會忘記

美國女性社會運動家馬雅・安傑洛（Maya Angelou）曾說過：

「人們會忘記你說過的話，忘記你做過的事，但是絕對不會忘記你曾帶給他們的感覺。」

各位也有這種經驗嗎？雖然已經不記得見面的對象和「對話的內容」，但是唯獨「那傢伙真討厭」、「那個人是好人」之類的「印象和感覺」，卻會一直牢記在心。

由此可見，**就算會忘記「聊天的內容」，可是「當下的感覺」永遠不會忘記**。

閒聊的作用正是**打造這種「印象和感覺」的「蠱惑」機會，也就是「展現自我的時間」**。

閒聊帶來的第一印象決定了自己日後的發展，因此這些頂尖菁英們絕對不會白白浪費這樣的大好機會。

既然如此，要怎麼做才能培養「國際水準的閒聊能力」呢？

接下來就讓我為大家介紹高階主管針對閒聊所應該具備的具體認識和技巧。

技巧2

「說話」是「跳脫自己的立場」，朝「對方」拋出「容易接住」的球

人只聽得進去「自己想聽的話」

在討論「閒聊」的技巧之前，我想先針對「溝通最基本的技巧」稍做說明。

☑「自己說什麼，對方就接收到什麼」是天大的誤會

英文「communication」（溝通）一詞起源於拉丁文的「communis」，也就是「共有」的意思。

換句話說，溝通不是單方面自顧自地說話，應該是傳達情報和接收情報的**雙方彼此之**

間的你來我往。當這過程中**產生某種「化學反應」的時候，才算真正達到傳遞的作用，讓對方接受你所說的話**。

可惜的是，大部分的日本人總是一副**「我說什麼，對方就接收到什麼」**的態度，自顧自地不斷朝對方拋出球。

事實上這種「拿手球」大多是**「自己想說的話」**，對方根本聽不進去。

我經常在企業大老闆的演說中看見這種「我說什麼，對方就接收到什麼」的心態。

話語中充滿各種抽象語、專業術語、艱澀難懂的用詞，內容本身已經夠無趣了，連「說話方式」也缺乏感情和技巧。

這種「想說什麼就說什麼」的表達方式，當然不可能抓住聽眾的心。

人只聽得進去「自己想聽的話」

各位如果想成為「閒聊高手」，首先一定要明白一個「真相」。

那就是**人只聽得進去「自己想聽的話」**。

現在仍然有7%的巴西人「相信地球是平的」，也有約四分之一的美國人認為「太陽繞著地球轉」。

對於深信「疫苗有害健康」或「根本沒有溫室效應」的人，就算透過影像和數據等科學證據試圖說服他們，也絲毫改變不了他們的想法。

由此可知，即便正確答案和事實擺在眼前，人的想法也完全不會動搖。

這種現象在心理學上稱為**「確認偏誤」**（confirmation bias），意指人通常**「只會接受能夠支持自己想法的資訊，忽略其他相抵觸的資訊」**。

因此，**除非是「對方感興趣的事」，否則根本聽不進去**。

你拋出的是對方「容易接住」的球嗎？

總結以上的內容，如果希望閒聊和對話能夠順利進行下去，就必須**拋出「對方容易接住的球」，而不是「自己擅長的球」**。

「我想展現自我」

「我希望對方可以把我想說的話聽進去」

精進「說話」技巧的第一步，就是「放下對自己的執著和自我中心」，也就是「跳脫自我觀點」。

如果希望走進「對方的心」，首先你能做的只有把「自己」打磨成一把符合「對方心房鑰匙孔」的鑰匙。

因為鑰匙孔並不會配合你改變形狀。

溝通的主角不是你自己，而是聽你說話的人。

把溝通的焦點從「自我聚焦」轉變成「聚焦他人」。這就是「溝通的首要原則」。

這一點請大家一定要隨時謹記在心。

技巧3

一流的人動「口」，一流的人動「眼睛和耳朵」

真正的說話高手都擁有優秀的「傾聽力」

提到閒聊，最常聽到的說法就是聊「天氣」或「健康」等這一類不會出錯的話題。

只不過，以這種**「我想跟對方聊什麼」**等**「自我」中心的心態緊抓著「麥克風」不放手，只會讓對方聊不下去**。

為什麼聊自己會讓人開心？

比起對方感興趣的話題，人更常會不由自主地聊起自己來。

一般人在日常生活的對話中，有六成都是在聊自己，在社群網站上也有八成都是關於自己的事。

哈佛大學的神經學家曾經發表過一份驚人的研究結果：**「人在聊到自己的時候，會感受到跟金錢、食物、性行為一樣帶來的快感。」**

食物、性行為、金錢、毒品等都會刺激大腦分泌「快樂荷爾蒙」多巴胺，而研究結果發現，人在聊到自己的時候，大腦分泌多巴胺的部位會變得活躍。

也有實驗證實，**大部分的人都喜歡聊自己更勝於金錢**。

這也是為什麼有些人「說到自己就停不下來」的原因。

☑ 把「發言權」交給對方

反過來說，**把「麥克風」交給對方，讓對方來發言，自己負責聽，這麼一來就能讓對方感受到滿滿的快樂荷爾蒙**。

如果依照坊間教人聊天的書籍去思考「我該聊什麼話題」，並不會讓聊天變得更容易。

相反地，**懂得把「發言權」交給對方，思考「如何讓對方聊得開心」，反而會讓聊天和對話變得更熱絡**。

「傾聽」比「開口」更重要

聊天、對話時先別急著「說」，應該先做到「提問」和「傾聽」。也就是說，傾聽比開口更重要。

可惜的是，日本的主管都非常欠缺這種「傾聽力」。在我自己的公司所做的調查也顯示，**「不聽別人說話」是「企業老闆在溝通方面最大的問題」**。

當然其中還是有具備優秀「傾聽力」的頂尖菁英。

我第一個想到的就是軟銀集團的孫正義社長。

當年在他還沒涉足電信業之前，我因為十分欣賞他，便帶著採訪稿前往拜訪，沒想到在毫無預約的情況下，他仍然願意接受我的訪問，是個相當平易近人、完全沒有架子的人。

一位對他非常熟悉的集團企業社長曾經說過：

「孫先生厲害的地方在於他絕不輕易說不。他總是很認真地聽對方說話，先不帶任何否定地接受對方的意見，然後才提出自己的想法。」

另一個例子是跨國企業GE（奇異公司）的日本法人社長淺井英里子小姐。

淺井社長給人的印象總是帶著溫和的笑容，是個足以作為女性領導者典範的人物。

她在二〇一八年一月就任之後，一直都相當重視強化和員工之間的溝通。

她在公司裡沒有專屬的社長室，只在辦公室的正中央擺了一張沒有隔板的辦公桌。如果看見員工無精打采，她也會主動上前關心，傾聽對方的煩惱。

她最常說的一句話就是：

「提問，傾聽，對話。這才是完美溝通的核心關鍵。」

由這些例子可以知道，想成為聊天和對話高手，最重要的是**先當一名好的傾聽者**。

「當你說話的時候，不過只是不停在重複你所知道的事情。可是當你傾聽的時候，也許你就能得到某些全新的收穫。」——達賴喇嘛

人有兩隻耳朵和眼睛，只有一個嘴巴。

所以應該用比說話多一倍的時間去傾聽對方，看著對方的眼睛。

二流的人動「口」，一流的人動「眼睛和耳朵」。這一點大家務必要謹記在心。

技巧 4

「提問力」能讓閒聊功力大增 善用「Wh」來問問題

學會6大疑問句，輕鬆開啟聊天話題！

上一節提到「要讓對方聊得開心」，具體來說該怎麼做呢？

關鍵就是**問問題的能力**，也就是**「提問力」**。

這可以說是**「對話能力的精髓」**。

你在30分鐘的談話內問了幾個問題？

大家可以試著注意自己30分鐘內的談話內容。

如果在30分鐘內**沒辦法向對方提出3個以上的問題，就要特別注意了**。

這表示你很可能是個**「喜歡聊自己聊到欲罷不能的人」**，或者是個**「不說話也不提問，讓人聊不下去的人」**。

其實不只是高階主管，**不會在對話中提問的人出乎意料地多**。

哈佛商學院曾經做過一份研究：「愈會提問的人愈能瞭解對方，也能夠被對方所接納，獲得第二次約會的機率更高。」

可是大部分的人卻都**小看了「提問力」的驚人效果**。

從「wh問句」問起就對了

既然如此，怎麼問才能問出「好問題」呢？

針對不會閒聊的大老闆，我通常會建議他們**善用提問的能力**。

方法很簡單。

只要**從「wh問句」開始問起就行了**。

據說**比起「Yes、No的『封閉式問句』」，「讓對方自由作答的『開放式問句』」能讓人聊得更起勁**。

以**「6W1H（What、Who、When、Where、Why、Which、How）」**作為開頭的問句，全部都是「開放式問句」。

以**「6W1H」**作為開頭的問句可說是數不勝數。

具體來說就例如下頁圖表中的問句。

◉以「6W1H」來提問

①What——什麼

（例）

「你對○○有什麼想法？」

「你這麼做的原因是什麼？」

「你喜歡什麼○○（書、電影、動物、運動、食物等）？」

「最近有什麼特別關心的新聞嗎？」

「你的工作是什麼樣子？」

「你有給自己什麼課題嗎？」

「你有什麼目標嗎？」

「你從事什麼行業？」

「然後呢？發生什麼事了？」

「你放假要做什麼？」

②Who——誰、什麼樣的人、哪個人

（例）

「你將來想成為什麼樣的人？」

「你喜歡哪個藝人？」

「你會想跟什麼樣的人一起吃飯？」

「如果可以跟歷史人物見面，你最想見誰？」

「你喜歡什麼樣的人？」

③When——什麼時候、什麼時間

（例）

「你什麼時間比較方便？」

「什麼時候會讓你覺得放鬆、自在？」

「你比較推薦哪個季節？」

④ Where——哪裡

（例）

「你想去哪裡？」

「你這是在哪裡買的？」

「你是哪裡人？」

「你現在住在哪裡？」

⑤ Why——為什麼

（例）

「這個為什麼這麼受歡迎？」

「您為什麼會來參加這個活動？」

「事情為什麼會變成這樣？」

⑥ Which——哪一個

（例）

「貓和狗你喜歡哪一個？」

「你想要哪一個？」

「你想去哪一個國家旅行？」

「您用的是哪一家的產品？」

⑦ How——怎麼、如何

（例）

「最近怎麼樣？」

「你覺得要怎麼做？」

「你是怎麼辦到的？」

「你會怎麼解決這個問題？」

以上圖表中粗體字的部分，**特別是以下這6個問句只要懂得運用，應該至少可以撐個五分鐘、十分鐘的對話沒問題**。

「你有什麼想法？」

「你喜歡什麼○○？」

「你想做什麼？」

「你是哪裡人？」

「最近怎麼樣？」

「你覺得要怎麼做？」

在面對高階主管的學員時，我通常會用冷笑話的方式告訴他們**「只要懂得運用『wh問句』就不必慌張」、「提問力才是關鍵」**。

看到他們對我的冷笑話做出熱烈反應，我就會覺得開心。

技巧5

輪流使用「4大問句」，讓對話無限延伸

運用「提問→傾聽→提問→傾聽→自我分享」技巧成為閒聊高手

上一節提到了「wh問句」，不過光是靠這種正中直球的提問，聊天很容易會變成只有單方面的分享，沒辦法持續下去。

因此，**「提問高手」通常會另外夾帶一些「變化球」，讓對話能夠流暢地持續下去**。

☑ 問句分成「4大類」

根據哈佛商學院的研究，提問可以分成以下4大類。

①引言問句：例如「你好嗎？」「你是哪裡人？」等。
②鏡子問句：根據對方的回答再問一遍。
③追問問句：根據對方的回答進一步追問。
④轉換話題問句：改變話題。

你：你是哪裡人？（引言問句）
對方：山形。
你：山形嗎？（鏡子問句）
那裡是個好地方耶！你有推薦什麼溫泉嗎？（追問問句）
對方：銀山溫泉還不錯，溫泉街很有懷舊氣氛。
你：山形有什麼好吃的東西嗎？（轉換話題問句）
對方：說到山形最有名的就是芋煮鍋，不過我自己比較喜歡冷拉麵。
你：聽起來不錯耶！說到拉麵，我前幾天才發現一家好吃的拉麵店。（自我分享）

像這樣慢慢變換不同「球種」的問句，以**「提問↓傾聽↓提問↓傾聽↓自我分享」的方式輪流問問題**。

只要善用這個技巧，你也能**即刻變身為閒聊高手**。

如果是「不喜歡一直被問問題」的人，可以反問對方問題，把「麥克風」交到對方手上。

相反地，如果對方一直自顧自地說個不停，這時候只要「問自己想知道的事」，就能輕鬆轉移話題。

記得要多多善用**「wh問句」**的技巧。

技巧6
透過「暢銷商品法則」找出對方感興趣的話題

人的興趣基本上不超過「半徑十公尺」的範圍

學會「傾聽力」和「提問力」之後，接下來要做的就是針對「提問→傾聽→提問→傾

聽↓自我分享」當中最後的**「自我分享」來磨練技巧**。

想要「抓住對方的興趣」，秘訣就是**話題要緊貼著絕對不會出錯的「必勝3K話題」——關係、關心、價值**。

接下來就針對這部分為大家一一做說明。

☑ 有「關係」才會想聽

首先第一個重點是「關係」。

什麼話題會引起你的興趣呢？

家庭、健康、金錢、朋友、工作、樂趣……

美國知名心理學家馬斯洛將人類的先天需求分為5個層次，分別是「生理需求」（維持基本生命）、「安全需求」（人身安全）、「社會需求」（歸屬與愛）、「尊重需求」（渴望受到肯定）、「自我實現」。不過，**其實人的興趣和需求，大多是跟自己有「關係」的東西**。

就像COVID-19對每個人來說都是「大事」，可是大家對全球暖化和難民的問題卻總是漠不關心。

也就是說，**人只會把「半徑十公尺以內跟自己『有關係』的事物」當成自己的事看待**。

利用「暢銷商品法則」，從5大切入點找出跟對方「有關係」的話題

關於「關係」的具體例子，各位可以參考下頁的表格。

能夠解決切身煩惱，對自己有利、有用，對社交會造成影響的話題，就是「有關係」的話題。

這些特點就跟「暢銷商品的條件」一樣，所以我把這些稱為**「暢銷商品法則」**。

閒聊和對話要能順利進行，訣竅就在於運用「暢銷商品法則」，**挑選跟對方「切身」，或是攸關對方的「煩惱」和「得失」，或是「有用」且會造成「影響」的話題來聊**。

◉跟對方有關係的話題——「暢銷商品法則」的運用

①切身——對方「身邊、熟悉的事」

「這附近開了一家新的超市」
「公司來了一位很可愛的同事」

②煩惱——對方「關心的問題」

「有個方法可以讓討厭的蝴蝶袖變瘦」
「有瞬間瘦臉的效果」

③得失——對對方而言「有利或是會造成損失的事」

「這絕對會讓你賺到錢」
「這麼一來每年會多花3萬日圓」

④有用——對對方「有幫助的事」

「這裡有提供這種服務」
「這個很方便」

⑤影響——對對方而言「會造成個人或社交上的影響」

「新冠肺炎造成公司業績大幅衰退」
「〇〇〇在這次的人事異動中好像會升上主管的位置」

技巧7

透過「醜聞法則」掌握對方「關心」的話題

「名人的負面新聞」之所以備受矚目的原因

必勝3K話題的第二個是**「關心」**。

挑對方「關心」的話題來聊

如果知道對方「關心」的話題，便能不費吹灰之力就輕易抓住對方的注意力。

下頁同樣整理了幾個「關心話題」的具體例子，大家可以自行參考。

原本不紅的藝人，靠著流行話題一躍成為家喻戶曉的大名人，可惜後來犯下大錯引來

◉對方關心的話題──「醜聞法則」的運用

①流行──最近發生的事情、流行

「現在最熱門的甜點是〇〇」

「最近討論度很高的電影〇〇，你沒看一定會後悔！」

②知名──知名人物或企業

「蘋果新推出的商品」

「Toyota的電動車款」

③辛苦、失敗、衝突──如何克服困難

「從一級貧民躍身為年營業額1億日圓的大老闆」

「一輩子難得的機會，卻犯下出乎意料的大錯」

④情感──讓人意外或氣憤、開心等會引發各種情緒的事情

「逼車行為不下上百次」

「戰勝病魔，勇奪奧運金牌」

⑤告白──秘密、從沒公開的事情

「其實我喜歡你」

「其實我是富二代」

⑥變化──新事件、增減

「〇〇的股價在一個星期內漲了兩倍」

「確診人數少了一大半」

眾怒，最後只好出面落淚做說明，為這段人生的變化畫下句點。

像這樣的「名人負面新聞」之所以備受矚目，原因就是因為這當中包含許多人們會「關心」的要素。我把這種現象稱為**「醜聞法則」**。

很多高階主管都喜歡聊自己的「成功經驗」，不過其實大家想聽的是他們的「失敗經驗」。

林原麻里子小姐是全球規模最大的保險公司AIG旗下的日本法人執行長。她在求學階段曾經遭受霸凌，加上生活貧困，後來又成為單親婦女，歷經各種艱辛才一路爬到現在的地位。

這段起起伏伏的故事實在太動人，於是我建議她將這一切「全數公開」。這段「失敗經驗」的公開，後來果真讓她在公司內外都獲得不少支持。

技巧 8

應該誇讚對方，而不是自我吹噓

你有讓對方知道他的「價值」嗎？

這一節要介紹的是繼「關係」和「關心」之後，必勝3k話題的最後一個，而且**也可以說是最重要的一個——「價值」**。

☑ 人總是會不自覺地強調「自我價值」

假設你被主管叫住，下列哪一種說法聽起來會讓你比較開心呢？

A：我連續五年都是全公司的業績冠軍，被公司表揚過好幾次。
B：你是公司不可或缺的員工，事情果然還是要交給你才能放心。

答案當然是B吧。

有些人說起話來總是會不自覺地迷失在**「過去」**、**「說教」**、**「自吹自擂」**當中。

人都喜歡聊自己的經驗，強調自己的成就和優點等「自我價值」。

這些**對說話者來說雖然「有意義」，但是卻不見得「對聽者有意義」**。

應該誇讚對方，而不是自我吹噓

聽者最想聽到的不是**「說話者的價值」**，而是**「聽者自己的價值」**。

畢竟比起自我吹噓，大家更喜歡被稱讚。

說得更明白一點，**大家想聽的不是「我很厲害唷」，而是「你真厲害」**。

所以，在「自我分享」的時候別只是強調自己，還要**確實傳達出「對方的價值」**。

這才是閒聊的訣竅，學會「稱讚對方」，保證馬上能贏得對方的好感。

菁英們「跳脫『自我強調』」的說話技巧

如同我一再重申的，即便是不會出錯的話題，包括旅行也好、健康也好、美食也好，如果對方不感興趣，就完全無法打中對方的心。

重點並不是「聊什麼話題」，而是話題對聽者而言是否包含「關係」、「關心」、「價值」三大要素，如此而已。

不論是閒聊、對話甚至是做簡報，「能吸引對方注意的話題」一定都會包含這三大要素。

以下就以Toyota汽車豐田章男社長的例子來介紹何謂「標準的3K話題」。

豐田社長在母校美國巴布森商學院二〇一九年的畢業典禮演說上，勉勵所有畢業生要「找出人生中的『甜甜圈』」。

他提到自己在念大學的時候只知道讀書，完全沒有社交生活，唯獨很喜歡吃「甜甜圈」。他藉由這段小故事來鼓勵大家要「找出能讓自己快樂的事物」。

緊接著他輪番提到吸引聽者注意的「關係」、「關心」、「價值」等3K話題：

「你們每個人都將大有所為」

「才華洋溢的各位」

接著又話鋒一轉說：

「可以讓我也加入各位今晚的狂歡派對嗎？」

如此充滿幽默風趣的演說，數度贏得全場聽眾的笑聲與掌聲。

除了呼籲台下學子「要永遠保持熱情」以外，整場演說中聽不到任何一句以上對下的「訓示」，更沒有「Toyota將會走在創新的最前端，帶領世界繼續前進」等陳腔濫調的宣傳口號。

世界的一流菁英就是像這樣**「完全站在對方的立場」，以跳脫「自我強調」的說話方式來吸引聽者的注意**。

第2章

當個「操控動機的魔術師」！

——激發鬥志的讚美、責罵的技巧

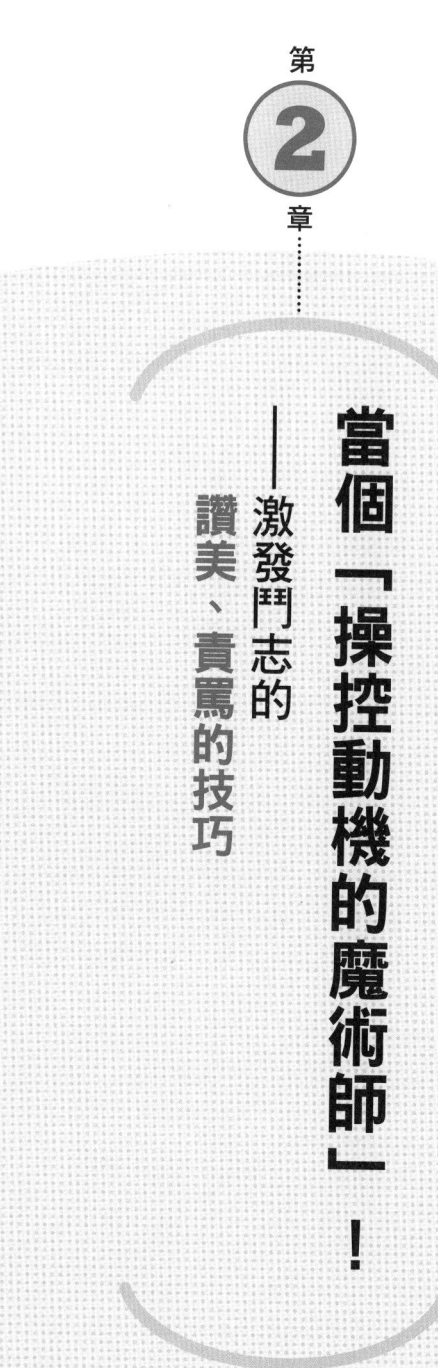

喜歡被稱讚，卻不會讚美別人的日本人

在上一章的最後提到聊天的過程中必須點出「對方的價值」。

換個方式來說，這個技巧的重點就在於你是不是能**當個「稱讚高手」**。

跟一些外籍主管聊天會發現，他們的「讚美技巧」都相當高明。

真正的頂尖菁英都懂得**「激勵對方，促使對方採取行動的讚美技巧」**，**他們就是靠這種方法來掌握周遭人的心**。

相對地，在日本卻有一派的想法認為這麼做會「寵壞對方」，所以不贊成讚美的作法。

根據我們公司所做的調查，**有8成的上班族都「喜歡被稱讚」，可是實際上卻只有4成的人會讚美別人**。

這就是日本企業普遍常見的「拒絕稱讚」的毛病。

既然簡單一句話就能讓對方開心，獲得極大的鼓勵，大家更應該要**善用「讚美力」**，**讓自己成為「稱讚高手」**。

技巧 9

利用「橘子保管法則」讓對方開心

真正的菁英都是「看見」、「認同」、「讚美」、「感謝」的高手

「一流的稱讚技巧」究竟該怎麼做呢？

掌握「橘子保管法則」

「一流的稱讚技巧」關鍵就是下頁圖表中的**「看見」、「認同」、「讚美」、「感謝」**等四個技巧的組合運用。

結合這四項，我把這個技巧稱為**「橘子保管法則」**（譯註：從這四項的日文中各取其中一個發音結合而成的說法）。

◉「最厲害的稱讚技巧」是四大技巧的組合運用

①「看見」—— 看見、注意到對方的存在或行動

（例）

「原來還有這種作法！」

「你最近眼球的顏色看起來不一樣耶」

「每天一大早就要起來做便當，很辛苦吧」

②「認同」—— 認同對方的心情或意見並表示贊同和肯定

（例）

「你的心情我很瞭解」

「就像你說的沒錯」

「很辛苦吧」

③「讚美」—— 稱讚對方的優秀之處

（例）

「你的品味真好」

「真是令我獲益良多」

「真不愧是出自專業之手」

④「感謝」——說出感謝

（例）

「謝謝你一直以來的照顧」

「謝謝你的精闢意見，實在太感謝你了」

「真是幫了大忙！太謝謝你了」

首先是**「看見」**。自己的變化和努力能夠被看見，當然是件開心的事。

能被**「認同」**、肯定，心情被理解，自然會感到安心。

優點得到**「讚美」**，人也會變得更有幹勁。

除此之外如果還能得到**「感謝」**，效率也會跟著提高，這一點已經獲得多數研究的證實。

以下就是「橘子保管法則」的運用範例。

> 聽說你簽到一大筆合約。（看見、注意到）
>
> 很辛苦吧？不過正因為過程辛苦，所以你現在應該更開心。我可以體會那種心情。（認同）
>
> 你對客戶的用心非常值得讚許，做得很好唷！（讚美，稱讚）
>
> 我真心為你感到高興，也很感謝你的努力。（感謝）

如果有這種跟半澤直樹一樣的主管，相信大家的幹勁也會源源不絕地「加倍奉還」。

技巧10

讚美的初步技巧——「即時，具體，真心」

你是不是只會用「謝謝」、「辛苦了」敷衍帶過呢？

只要花一點「小工夫」，就能讓你的「讚美力」發揮更大的效果。

讓讚美和感謝威力更加提升的技巧——「即時，具體，真心」

這個神奇公式就是**「即時，具體，真心」**。

【即時】（行為發生之後）即時給予稱讚

【具體】具體地稱讚

【真心】真心地稱讚

比起隨口一句「做得好」，應該要**針對對方的行為給予更具體的評價**，例如「你剛才在簡報中提出的證據很有說服力」。

這種稱讚方式不僅能讓對方知道「你有注意到他」，而且也會學習到何謂值得被稱讚的行為。

「即時，具體，真心」的技巧除了用在「讚美」以外，用來傳達「看見」、「認同」、「感謝」也很有效。

應該說**「今天那麼忙，你還特地抽空幫我，真是謝謝你」**，而不是隨口一句「謝謝」。

應該用**「辛苦你了，今天一整天都掛著笑容，客人看了也都很開心呢」**取代隨口一句敷衍的「辛苦了」。

像這樣**「稍微加點小工夫」多說一句**，對方聽起來的感覺也會不一樣。

技巧
11

「稱讚6：責罵1」是經研究證實有效的黃金比例

說到對方心坎裡的「建設性責罵術」

雖然讚美很重要，可是實際上也不能光是只有讚美。

舉例來說，面對下屬有時候也必須嚴正指責，促使對方改善。

換言之，身為主管**也必須具備「正確的責備技巧」**。

不過令人遺憾的是，近年來責備動不動就會冠上「〇〇霸凌」的罪名，許多高階主管都紛紛向我抱怨「這年頭連罵人都變得很難」。

對下屬不責罵也不讚美。

像這樣「缺乏溝通」，只會讓員工士氣和公司股價都呈現低迷不振。

「每責罵1次就要稱讚6次」是經研究證實最有效的比例

最重要的是「讚美」和「責罵」的最佳比例。

各位知道嗎？其實「正面回饋和負面回饋的最佳比例」是經過研究證實的。

根據美國顧問公司的研究得到的結果，**「正面回饋6：負面回饋1」是最恰當的比例**。

也就是說，**每責罵1次，接著就要稱讚6次**。

這種**相對重視「讚美」**的作法，在日本的外資企業當中也十分常見。

反觀日本，就如同前面所說是全世界數一數二「缺乏讚美文化的大國」。

即便大多數的日本人都「喜歡被稱讚」，不過卻很少有機會被讚美。

事實上，日本勞工的參與度（幹勁，熱情）是全世界最低。

現行職場溝通的作法根本不夠完善，完全發揮不了作用。

因此，日本企業目前的當務之急應該是提升「正確地讚美，正確責罵」的技巧。

技巧12

「稱讚↓責罵↓稱讚」的作法已經落伍了「正確的責罵方法」應該這麼做！

將「責罵」和「稱讚」確實分開，並且加入「四大要素」

這一節要介紹的是**世界頂尖菁英們都會運用的「正確的責罵方法」**。

☑「稱讚↓責罵↓稱讚」的三明治說話術已經過時了！

以前大家都會說，**責罵的時候要用所謂的三明治說話術，也就是「稱讚↓責罵↓稱讚」，不過據說這種作法現在已經過時了**。

這是因為，人的心理很容易被負面說法給吸引。

不僅讚美沒被對方聽進去，有時候責罵的重點反而還會被這些正面說詞給模糊了焦點。

因此，比起混在一起說，**目前比較推崇的作法是將「責罵」和「稱讚」兩個時間點明確地做區分**。

錯誤的責罵方法和頂尖菁英的責罵方法之間的差異

人必須自己透過思考得到啟發，才有辦法從根本去改變自己的行為。

也就是說，透過巧妙的「提問」，讓對方自己發現問題並找出解決辦法，會比責罵更有用。

唯有**說進對方心裡的「有建設性的負面回饋」（做出批判，促使對方改善）**，才稱得上是「正確的責罵」。

另外，責罵的時候請注意務必加入以下四個要素。

①應該受到責備的事實

②**錯在哪裡（理由）**
③**針對錯誤自己有何想法（主觀）**
④**促使對方提出解決辦法**

最萬萬不可的作法就是「說教」，也就是單方面地把自己的想法強加於對方，或是「妄下定論」而傷害到對方。

像是「所以你～」這種以對方當主詞的責備說法應該要盡量避免，改用自己當主詞來說話，例如「我感到很失望」，用這種方式來表達自己的想法。這個技巧也能運用在小孩子身上。

【錯誤的責罵方法】

主管：這種事你怎麼可以沒有跟我報告！什麼叫做忘記了！太不負責任了！你就是這樣才會這麼沒用！（暴怒）

下屬：對不起……

【世界頂尖菁英的責罵方法】

主管：你今天忘了很重要的報告（事實），這樣會嚴重拖累整個工作進度（理由）。這一點讓我很失望（主觀）。

下屬：我忙到忘記了，對不起！

主管：你覺得該怎麼做才不會又忘記了（促使對方提出解決辦法）？

下屬：我會在行事曆上設定好提醒通知。實在非常抱歉，我以後一定會多加注意。

根據蓋洛普的調查，有獲得回饋（即便是負面回饋）的人的參與度，比完全沒有得到任何回饋的人高出二十倍之多。

由此可知，**正面也好、負面也好，完全不溝通才是最糟糕的作法**。

不打槍！不長篇大論！不打擊士氣！

請用正確的方式稱讚，用正確的方式責罵，當個**「操控動機的魔術師」**。

第3章

讓大家都對你心悅誠服！

——聰明人都在用，簡單明瞭的說明的技巧

遠距工作時代更需要具備說明力

「不懂如何簡單扼要地表達」、「不知不覺話就愈說愈冗長」。

在這個線上會議愈來愈普遍的遠距工作時代，我也收到許多來自企業幹部的求救訊息，希望我能為他們解決眼前遭遇的這些煩惱。

遠距工作時代比以前更需要懂得如何簡潔扼要地表達重點，可是其實很多人都不懂這方面的技巧。

所以，這一章我就要教大家如何把大腦裡源源不絕的想法和意見好好地做「整理整頓」，然後轉換成語言，以簡潔明瞭的方式表達出來，也就是**「說明高手」的表達技巧**。

「說明的秘訣」總結來說可以歸納成以下兩點：

「如何將訊息濃縮成一句有力道的話」

「確保說話的順序沒有錯」

二話不說，接下來就從第一點的「如何濃縮成『一句有共鳴的話』」開始解說吧。

技巧13

把訊息「濃縮成13個字以內的一句話」

你有辦法「用一句話簡單表達」嗎？

假設各位到超商買東西，眼前有三款商品，內容物都一樣，不過外包裝的名稱分別為以下三種，你會選擇哪一款呢？

> ①蔬菜湯
> ②美味的塊根蔬菜燉湯
> ③削皮馬鈴薯、紅蘿蔔、蓮藕切成適口大小，連同培根絲一起加水燉煮三個小時，最後以胡椒鹽和雞粉調味做成的湯品

①的說法過於簡潔，缺乏吸引力。③的說明又太過冗長，沒辦法一看就懂。

還是**一眼就能看懂賣點的商品名稱最好**。

所以「②的名稱最簡潔明瞭」。

養成習慣「把想說的濃縮成一句話」

從這個例子可以知道，想讓顧客（聽話者）掏出錢來（聽懂），最重要的是**濃縮商品最大「賣點」的宣傳標語**。

要想成為「說明高手」，關鍵就在於你是否能整理出這最重要的「一句話」。

「好吃，便宜，快速」（吉野家）

「物超所值」（宜得利）

「Your palate's sweetheart」（LOTTE）

許多企業都有自己的企業標語，透過簡潔的一句來傳達自家商品的優勢和國際觀。同樣的，我們平時在做說明的時候，也必須**養成習慣「把想說的濃縮成一句話」**。

把一句話濃縮在13個字以內

把最想傳達的結論或重要訊息，濃縮成讓人印象深刻的一句話，這個作法**就跟替雜誌或報紙報導整理標題或摘要一樣**。

一般人通常會先看摘要，再決定要不要讀內容。應該沒有人是不看標題摘要就直接看冗長的內容吧。

報紙的摘要每行大約有9～11個字，兩行就是20個字左右。所以一句話的長度最好是10～20個字，不過我會建議最好再進一步配合日本最大入口網站「Yahoo!」的新聞摘要長度，把一句話**濃縮在13個字以內**。

這是因為，**比起「閱讀性」，這樣的句子長度更符合「辨識性」，能讓人一看就懂**。

因此，**首要目標就是把一句話濃縮在「13個字以內」**。

技巧 14

用3步驟磨練出「一句精髓之言」

用語言的「整理術」打造深入人心的一句話

在英文裡，玩笑最後的笑點或關鍵詞稱為「punchline」（哏）。那麼，要怎麼做才能整裡出一句**「強而有力、正中對方內心的13個字」**呢？

☑ 打造「深入人心的13個字」的3大步驟

我通常會建議高階主管學員們善用**語言的「整理術」**。這個方法是我從享譽國際的知名整理師近藤麻理惠身上得到的靈感，包含以下3個步驟：

步驟1 ▼「盤點」詞彙

第一步是盤點用詞。

把想說的話從大腦的儲藏櫃裡全部搬出來做排列。

（例）「溝通」、「說話方式」、「受歡迎」、「受信賴」
「訣竅」、「方法」、「溝通力」、「方程式」、「規則」

步驟2 ▼挑出「會讓人心動的用詞」

接著針對這些詞彙做篩選，**挑選出「讓人特別心動的詞彙」**。

（例）「溝通力」、「規則」

步驟3 ▼ 利用5大技巧「濃縮」成13個字左右的一句話

最後，把挑選出來的詞彙**「濃縮」成精簡、讓人印象深刻的13個字**。

這個步驟非常重要，只做到精簡還不夠，必須想辦法讓句子能夠吸引人，**留下深刻印象**。

關於這一點，以下列表的5大技巧可供大家做參考。

我見過最觸動人心的「一句標語」——「?↓!」句型範例

列表最後的「?↓!」是許多頂尖菁英們擅長的句型。

第1章最後提到的豐田章男社長所說的「找出人生中的『甜甜圈』」，可以說就是**「?↓!」句型的代表性例子**。

至於我目前為止所聽聞過的句子當中，最讓我覺得觸動人心的是以下這「一句話」。

◉運用5大技巧將重要訊息濃縮成13個字

①比喻——比喻得出人意料，有別於常見的說法

（例）溝通力像肌肉一樣可以鍛鍊
溝通力是啟動人生的開關

②數字——加入「具體的數字」

（例）溝通力的7大必勝公式
受歡迎的溝通力的3大規則

③好處——加入「有利對方」的說法

（例）好的溝通力能讓終身收入倍增
溝通力決定就業、婚姻的成功

④有影響力的詞彙——結合「最強」、「世界第一」、「神級〇〇」、「〇〇力」等強而有力的說法

（例）〇〇〇親授世界最強溝通力
溝通力的「神級」公式首度大公開

⑤「？→！」——加入謎語或暗示性的說法，先讓對方產生疑惑「什麼意思？」，然後才恍然大悟「原來如此！」

（例）跟大雄學習溝通的技巧！
溝通力沒有也沒差！

這是美國天才作家大衛・福斯特・華萊士（David Foster Wallace）說過的一句話，他早在二〇〇八年就已經去世，年僅四十六歲。

他生前在凱尼恩學院畢業典禮上所發表的演說中提到許多小故事，其中之一是以下這故事。

兩隻小魚在水裡游著，迎面游來一隻老魚向他們打招呼：

「早安，年輕人。今天的水怎麼樣啊？」

兩隻魚繼續游了一會兒之後忍不住問對方：

「水是什麼鬼東西？」

華萊士在演講中不斷反覆提到**「This is water」（這是水）**這句話。

目的是在透過這句話告訴台下的學子「人生中最顯而易見也最重要的事實，往往是難以察覺且最難述說的」，「千萬不要迷失這最重要的東西」。

「創新」、「結構改革」這些枯燥乏味的詞彙，無法打動這個世界。

因此，各位務必要參考上述的5種技巧，為你的「一句話」注入動人的靈魂。

技巧 15

美國學童必學的超基本技巧！「結論→內容→結論」的「漢堡說話術」

說明的順序也有所謂的「必勝規則」

學會「一句13個字以內的完美標語」之後，如果說話的順序沒有邏輯，同樣無法傳達意思，也沒辦法說服對方、使人信服。

換言之，說明也有所謂的**「正確順序」**。

在說明的時候，說話者的身分就像是引導聽話者抵達終點的「引水人」或「引導員」。

因此，**讓聽話者知道「自己現在在哪裡，接下來會被帶往何處」，使對方不至於迷失方向**，就顯得相當重要。

如果說話沒有順序也沒有邏輯，只是滔滔不絕地一直說，這種**「摸不著頭緒的說話方**

式」，只會讓聽話者失去「方向感」，不知道「自己現在到哪個階段了？」。

既然如此，我們該怎麼做呢？

接下來就為各位介紹**「說明的必勝規則」**。

這也是所有美國學童一定要學會的「常識」。

☑ 美國學童都要會的「說明的必勝規則」

「先告訴對方接下來『你要說什麼』，說完之後，最後再總結『你剛剛說了什麼』。」

（Tell them what you are going to tell them, tell them, then tell them what you told them.）

這是美國學童被教導在眾人面前說話時的必勝規則。

【Beginning：開頭】今天我要說的是〇〇〇

【Middle：內容】〇〇〇是……

【End：結尾】以上是針對○○○的介紹

「說話的時候，一開始就要先用一句話提出想傳達的訊息（結論），而且整個表達過程一定要包含開頭、內容、結尾三個部分！」

每個美國人從幼稚園開始就不停被灌輸這種觀念。

這種前後訊息（麵包）中間夾帶著內容（肉片）的說話技巧，經常被比喻成「漢堡」。

利用上一節的技巧（技巧14）以「一句話」帶出開頭和結尾，中間穿插著「內容」。

這種**「結論↓內容↓結論」的「漢堡說話術」，就是最基本的說明技巧**。

技巧16

透過「結論→理由→例子→結論」方式，呈現簡潔明瞭的【「因為」路線圖】

只要加入「因為」，說服力瞬間倍增

在針對「結論→內容→結論」中的「內容」做論述時，我非常建議大家可以善用以下3種「路線圖」。

☑用「結論→理由→例子→結論」的順序來說明

第一種是**「因為」路線圖**。

也就是將「內容」分成「理由→例子」兩個部分，依照**「結論→理由→例子→結論」的順序來說明**。

以「好的溝通力能讓年收入倍增」這句話為例，說明方式如下。

結論

好的溝通力能讓你的年收入倍增！

內容

〔理由〕因為溝通力有助於提升交際能力、解決問題的能力、決策力等，這些是事業成功不可或缺的能力。

〔例子〕拿人際關係來說好了，事業的基礎不就是擁有能夠互相幫助支持的夥伴和關係嗎？傳奇投資家巴菲特曾經說過：

「只要磨練好自己的溝通能力，就能提升50％的財富。」

結論

可見溝通力是讓你的年收入倍增，不對，是增加百倍的重要關鍵。

英文稱這種說話方式為「Point-Reason（理由）-Example（例子）-Point」，或者是「Point-Evidence（證據）-Explain（說明）-Link（導向結論）」，簡稱為**「PREP, PEEL framework」**。

加上「因為」、「所以」，效果立即彰顯！

事實上，**只要在想說的事情中加上「原因」，不論內容是什麼，意外地聽起來都會讓人覺得更具說服力**。

哈佛大學心理學教授艾倫・南格（Ellen J. Langer）做過一項有趣的實驗。

她用3種不同的說法來表達「可以讓我先

◉不讓聽話者迷失方向的3種說明邏輯路線圖

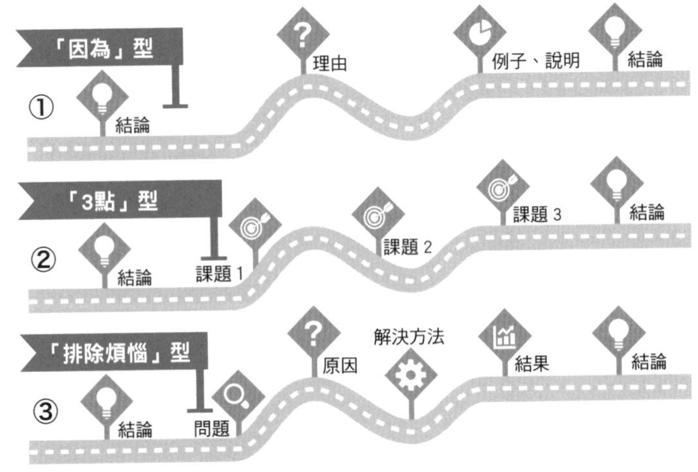

印5張資料嗎」的請求，驗證哪一種說法的效果最好，能讓自己達到目的。

①「不好意思，我只要印5張就好，請問可以先讓我印嗎？」

②「不好意思，我只要印5張就好，因為有點急，請問可以先讓我印嗎？」

③「不好意思，我只要印5張就好，因為現在馬上就要，請問可以先讓我印嗎？」

這3種說法達到目的的機率分別是「①：60％」、「②：94％」、「③：93％」。

說明「緊急」的「理由」，的確會讓機率變高。

不過請大家看看第③種說法。

「現在馬上就要」雖然不算是個充分的理由。

不過**由於加了「because」（因為），所以還是能達到跟第②種說法一樣的效果**。

我在紐約的時候，曾經很仔細地觀察過街上遊民的說話方式。

因為根據每個遊民「說話的表達方式」不同，乞討到的金額也有天壤之別，這一點引起我非常大的興趣。

大部分的遊民都會說「Give me some change」（可以給我一點錢嗎），然後邊向路人伸出手中的杯子。不過偶爾也會有人做出不同的「表達方式」。

我就曾經在地鐵車廂裡看過一個遊民這麼說：

「你們大家一定覺得我只是個遊民，其實我以前也是個很努力的軍人，會變成遊民是不得已的，因為我得了一種非常罕見的骨骼疾病……」

這番話最後意外地讓大家都紛紛把錢投入他手中的杯子。

「可以多給我一些零用錢嗎」、「可以幫我一下嗎」、「這個商品很好用」等等。

不管想要做什麼，**總之就把「因為」加進去吧**。

這樣簡單的一句話，可是會讓你的說服力大增唷。

技巧 17

簡化冗長說明的「3點」路線圖

世界知名領導者常用的關鍵必勝說話術

第二種說明的方法是**「3點」路線圖**。

也就是先提出結論，然後再說明「3個理由或重點」。

這「3點」可以有各種分類方式，例如以**「重點」**、**「理由」**、**「課題」**、**「時間軸」（過去、現在、未來）**、**「場所」（歐美、亞洲、日本）**等來分類。

以下示範用「3點」路線圖來介紹我自己公司的服務特色。

【結論】

我們公司提供的是業界獨一無二，以領導階級為對象的「溝通能力提升課程」。

【內容】

我們的課程主要有三大特色：

（1）完全符合國際水準的專業知識；

（2）鎖定領導階級，擁有遙遙領先業界的亮眼成績；

（3）帶來突破性進步的獨特技巧。

【結論】

我們保證會讓您看見驚人的成果。

世界頂尖領導者的「3點」技巧運用示範

「3點路線圖」的說明技巧深受許多世界頂尖領導者和高階主管的愛用。

舉例來說，新加坡總理李顯龍曾在一場COVID-19的相關記者會上說道：

這一點可以從醫療、經濟、心理三個方面來討論。

在這裡我就針對重點來說，首先第一……，第二……，第三……。

李顯龍總理是個作風優雅的人，熱情的說話方式是他的個人特色，充滿邏輯且簡潔明瞭的說明方式，讓他深受人民的信賴。

另外，亞馬遜集團創辦人傑夫·貝佐斯（Jeffrey Preston）也經常在談話中運用到「3點」技巧。

關於這一點我想到三個比較大的方向，分別是「從長遠角度思考」、「把顧客當成一切中心」，以及「持續發明」。

「我們最重視的是『品項齊全』、『方便』、『低價』三大要素」也是他經常掛在嘴邊的一句話。

據說亞馬遜的內部溝通守則當中甚至有一條是「在公車靠站之前，如果要對下車的乘

客提醒3件事，你會說哪3件事？」。

可見亞馬遜把**「將重點濃縮成3點！」**執行得十分徹底呢。

中國知名創業家，阿里巴巴集團創辦人馬雲則是這樣運用「3點」技巧。

> 成功必須具備3個Q：「EQ」（情商）、「IQ」（智商）、「LQ」（Love Quotient，愛商）。

對凡事充滿熱情的馬雲，說起「感動人心的名言」同樣也是熱情不減。

從以上這些例子可以知道，**世界知名領導者們隨時都把「3點」技巧掛在嘴邊**。

使用「3點」技巧要特別注意的兩件事

為什麼不是2點，也不是4點，一定要3點呢？

這是因為**「3」這個數字不會太多、也不會太少，是個剛剛好的「神奇數字」**。

「3」聽起來讓人感覺平穩，自古以來就是個常用的數字，例如「過去，現在，未來」、「金銀銅」等。

雖然「3點」技巧相當具有說服力，不過如果連自己都忘了內容可就糗大了，所以一定要確實記住是哪3點。

另外，這個技巧太常用也會讓人覺得很煩，所以還是**等到「關鍵時刻」再好好善用**吧。

技巧18 美國總統和電視購物節目也常用到的【「排除煩惱」路線圖】

引人入勝的演說都有「共同的架構」

第三種技巧是世界頂尖領導者的必勝秘訣——**「排除對方煩惱的路線圖」**。

引人入勝的簡報都運用了「問題－解決方法」的架構

跌落神壇的「救世主」——日產汽車前董事卡洛斯・戈恩（Carlos Ghosn）當年在任時一向以強勢的溝通風格而聞名。

他擁有日本屈指可數的專屬演講稿撰稿人，其中一位是曾為美國司法部長撰寫過演講稿的女性。

她曾說過：「簡報和演說原本應該充滿**『娛樂性』**，可是在日本卻成了無趣的『說教』。」清楚點出其中的差異。

她也分享了做簡報的訣竅，也就是**「引人入勝的簡報基本上都運用了『Problem-Solution』（問題－解決方法）的架構」**。

簡單來說就是**先提出課題或煩惱等「問題」，接著再提出解決辦法**。

美國總統和電視購物節目也經常在用的「黃金架構」

這個技巧是美國歷任總統經常會用的白宮流「黃金架構」。

舉例來說，前任總統歐巴馬在二〇〇九年的就職演說中說道：

> 我們正處於危機之中。
> 我們國家正在對抗無遠弗屆的暴力和仇恨，我們的經濟嚴重衰退。
> 家園沒了，工作丟了，企業破產了……

他先列舉出問題，接著再提出各種解決對策。

這種「問題—解決方法」型的路線圖，也是**電視購物節目的固定腳本**。

（問　　題）最近天氣變冷了，各位是不是也會手腳冰冷、晚上睡不著呢？
（解決方法）這時候就要用這個讓你手腳暖呼呼的毛毯！
（問　　題）大家是不是也有鍋子燒焦的經驗呢？
（解決方法）今天我們要介紹的是這只不會燒焦的鍋子！

「13個字」＋「①因為」或「②3種」或「③排解煩惱」。
學會這樣的搭配組合運用，你也可以瞬間變身為「說明高手」！

第4章

牢牢抓住對方的心！

——讓人「想追隨」的引發共鳴的說話技巧

重點在於貼近他人的心

光靠邏輯的說明技巧並不足以打動人心。**尤其是現在的數位時代，更需要具備能夠跨越物理距離、拉近彼此內心距離的溝通技巧。**

在疫情之下，決定領導者評價的關鍵，正是「表達能力」。**重點不在於「能言善道」，而是能否「貼近他人，打動對方的心」。**

能夠獲得眾人支持，相信「追隨這個人肯定不會錯」的領導者，就讓我們來向他們學習贏得共鳴和信賴的說話技巧吧。

技巧19

「『教練型』領導者」已經過時！應該學習的是「『共鳴型』的說話方式」

領導者必須具備理解對方心情，貼近對方內心的能力

在COVID-19的疫情當中，比起其他國家，日本的重症病例等數字雖然獲得控制，可是人民對政府的支持率卻一度大幅下滑。

其中引發人民不滿的原因之一就在於「缺乏溝通」。

官員們在記者會上只會照本宣科地唸著講稿，感覺就像按摩沒有被按到重點，讓許多人深感失望和煩躁。

另一方面，看到其他國家領導者的發言，就像按摩被按到最舒服的地方，「對對對！就是那裡！」感覺十分痛快。

由此可知，只要「感情穴道」受到刺激，人就會反射性地產生共鳴。

世界頂尖領導者已然從「教練型」逐漸轉變為「共鳴型」

現今，特別是領導階級的人都必須具備**「共鳴力」**。

不論工作能力再怎麼出色，一旦被指控「○○霸凌」，一切都結束了。

尤其是在這個重視情報平行流通與共鳴的社群媒體時代，**理解他人心情、貼近他人內心的能力更顯重要**。

也就是說，現在大家期望見到的領導者，已經**從過去站在上位者角度單方面做出支配和指示的「教練型」，逐漸轉變為跟員工站在同一陣線，激發員工動力的「共鳴型」領導者**。

從目前許多世界頂尖領導者的身上也能明顯看出這個轉變。

舉例來說，過去美國頂尖企業曾經風靡一時的是「強權魅力型」的領導者，例如賈伯斯和傑克・威爾許（Jack Welch）。

不過，**如今像是提姆・庫克（Timothy Cook）、薩蒂亞・納德拉（Satya Nadella）等「共鳴型」的領導者逐漸抬頭、成功擄獲人心，就是最好的證明**。

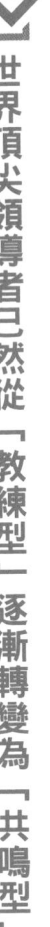

現任的蘋果執行長提姆・庫克，跟過去不時會做出攻擊性發言的賈伯斯截然不同，是個作風溫厚的人，總是強調多元、貼心、共鳴力的重要性。

> 如果是這樣的話，我也能為他人服務嗎？這是人生最大的課題，也是最重要的一個。

他曾在MIT的畢業典禮演說上說過這麼一句話。

用意在透過這句話呼籲總是只想到自己的現代人，必須站在利他的角度，重視「為人服務的人生態度」。

微軟執行長薩蒂亞・納德拉也在著作中寫道：「我的熱情來自對所有事物有所『共鳴』。」

「養育兩個身障孩子」的經驗，讓他學會與他人「共鳴」的能力。

「共鳴才是企業最重要的優先事項。」他說道。

Google執行長桑德爾・皮查伊（Sundar Pichai）也是眾所皆知的「受員工愛戴的經營者」。

「皮查伊是個深思熟慮、容易跟人打成一片的人，會用真切的同理心與人對話」（《The Verge》）

「為人客氣有禮，會以同理心對待他人，大方提供協助。」（《*Forbes*》）

許多媒體都對他「瞭解他人傷痛的能力」給予高度的評價。

不只是這些世界知名的企業領導者，前面提過的軟銀集團的孫正義社長、資生堂的魚谷雅彥社長、ZOZO創辦人前澤友作先生等，也都具備優秀的「共鳴力」，讓人印象深刻。

不過令人遺憾的是，也有讓人印象深刻的反面例子。

當記者時曾經見過某大型企業的主管，態度十分傲慢、自以為是。

當時的談話內容已經記不得了，只記得對方瞧不起人的說話態度令人相當不悅。

幾年後整理名片時，發現唯獨那個人的名片被我自己打上一個大「×」……

前前後後只出現過那麼一次「╳」的那個人，後來當上社長，還一度成為深受員工愛戴的魅力型領導者。

可惜現實世界的情況是，具備「馬基維利主義」（Machiavellianism）、「精神病態」（Psychopathy）、「自戀」（Narcissism）等心理學上稱為「黑暗三人格」（Dark Triad）特質的「強權型」人物，通常都比較容易出人頭地。

不過，包含日產汽車前董事卡洛斯．戈恩在內，這類型領導者為組織帶來毀滅性傷害的案例可說是不勝枚舉。

實際上，那個人後來也讓公司遭受巨額損失，給企業經營帶來極大的危機。

＊馬基維利主義：重視個人野心與利益，將權力和財富看得比人際關係還重要的人格特質。源自文藝復興時期政治思想家馬基維利的《君主論》，亦即無論任何不道德的手段或行為，只要能為國家帶來利益都可被允許。

技巧 20

跟川普學習領導者必備的「使人開心的說話方式」

「讓人開心的人」勝過「好人」，「辦得到的人」勝過「能幹的人」

在縱向社會的日本，直到如今都還普遍推崇「強權型」的領導者。

其中當然也有能力優秀的領導者，不過就結果來說，「職權霸凌作風的恐怖領導」例子還是多得不勝枚舉。

尤其**非創業家出身、對權力有錯誤理解的大老闆，給人的印象最無法接受**。

領導者必備的兩大特質

一般認為領導者必須具備兩大特質，分別是**「為人親切好感」**（**Likability**）和**「能**

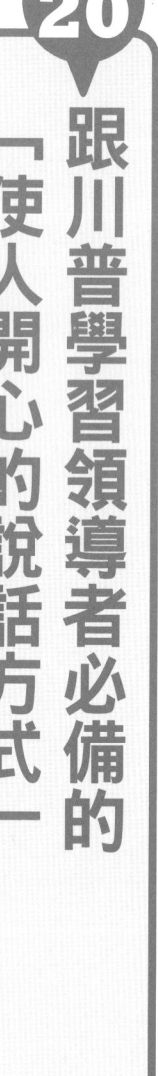

力」（Competence）。

這兩大特質也能說就是「EQ」和「IQ」，就像前面提過的，尤其是在現代社會，想要一路成功往上爬，**「為人親切好感」（EQ）遠比「能力」（IQ）來得更重要，也更具影響力**。這一點也已經獲得許多調查研究的證實。

從這一點來看，總是口粗惡言、待人毫不親切的川普，卻能擁有眾多熱情的支持者，也許真的很不可思議。

事實上，**川普也許不是個「好人」，不過他的確是個懂得讓支持者「開心」的天才**。

川普的說話方式值得學習的技巧

川普本身並沒有任何特定的立場。

不過他十分擅長的一點是，**他能夠敏銳察覺「支持者的想法和想聽的話」，並且將其轉化成語言**。

不論對象是「被社會拋棄」而憤憤不平的白人，或者是堅信基督教的保守派，他都能滔滔不絕地說出對方喜歡聽的話。他會肯定對方的信念和信仰，大力給予讚許，不斷滿足對方渴望得到認同的心情。

換言之，**對川普的支持者而言，他不過是個「化身」，否定他就等於否定自己**。

因此，不論川普有再多的負面新聞，支持者對他的忠心始終不會動搖。

也就是說，**對川普團隊的成員來說，「他是個相當典型的賦權（empowerment）、共鳴（Empathy）型的領導者」**。

不能只是當「好人」，更要當個「讓人開心的人」

川普的這種作法雖然被揶揄是「民粹」（迎合大眾），可是並不能因此就論定他的作法是不正當的旁門左道而瞧不起。

因為**光是靠「忠實傳達事實」，是沒辦法贏過「煽動民心的政客」**。

在後疫情時代，大家期望見到的是不同於民粹的新世代領導者，能夠透過**「賦權、共**

鳴型」的說話方式解決社會問題。

不能只是當「好人」、「能幹的人」，還必須當個「讓人開心的人」、「辦得到的人」。

別只是大肆炫耀自我能力、展現自我優勢，更要**貼近他人的心情，偶爾以強大的心理韌性承認自己的不足**。

這才是後疫情時代的領導者形象，而背後所必須具備的正是「引發共鳴的說話方式」。

技巧21 運用「占卜話術」和「理解式的說話技巧」不斷按壓對方的感情穴道

「說得沒錯」「沒問題」「辛苦了」「我懂」的絕佳效果

接下來就為大家介紹「引發共鳴的說話方式」的兩大技巧。

多用「We」（我們）發言

「引發共鳴的說話方式」其中一個技巧是**「貼近對方的心情說話」**。這個技巧根據的是**心理學上所說的「好感的互惠性」，也就是人對「對自己釋出好感的人」也會有好感**。簡單來說就是**人會對「跟自己有共鳴的人」產生共鳴**。

前紐約州長安德魯．古莫（Andrew Cuomo）就十分擅長這個技巧。

> 我們感到恐懼、變得害怕。
> （中略）但是，恐懼和害怕不會一直存在，總有一天我們一定能戰勝這一切。
> 我們現在就和大家一樣站在壕溝中，
> 面對著同一場戰爭。

古莫在疫情期間每天都會召開記者會，時時刻刻陪在因為疫情感到不安、恐懼的人民

身邊，感受他們的心情，為他們提振信心和勇氣。

他**常用「We」（我們）來發言**，藉此喚起紐約人的團結。這種充滿關愛的口吻被形容像是**「在餐桌上為全家人一起加油打氣的父親」**。

另外，備受全球矚目，甚至被譽為**「全世界最有能力的領導者」**的紐西蘭總理傑辛達・阿爾登（Jacinda Ardern），也是典型的「共鳴型」領導者。

阿爾登因為成功控制疫情而在國際上獲得高度肯定，不過除此之外，她也會透過記者會和社群媒體，為孤獨和不安的人民給予信心和勇氣。

她有時會在晚上於自家以一身毛衣的輕鬆打扮跟人民說話，有時透過社群媒體向孩子們傳遞訊息，始終站在每個人民的身邊，用溫柔陪伴大家。

首先，你並不是一個人。

各位每天應該都有看到和聽到我們是如何帶領這個國家。

我們也許做得不完美，但是基本上方向是正確的。

我以前也曾因為工作的關係見過她一面。
她那完全沒有架子，臉上隨時帶著笑容的「真實」親和力，以及停不下來的活力，讓人印象十分深刻。
另外，她一頭漂亮的捲髮搭配高跟鞋與紅色口紅等「展現女性魅力的方式」，也給人感覺充滿策略性。

察覺對方的心情，替對方說出口

「我非常瞭解你的心情。」
「很擔心吧？不過你放心，沒問題的。」
察覺對方的心情，替對方說出口。
這會讓對方感覺**「我的煩惱和心情被發現、被說中了」**。
於是便會不由自主地付出信任。
這種彷彿「占卜」般的技巧，我稱之為**「占卜話術」**。

上述提到的前紐約州長古莫和紐西蘭總理阿爾登，也經常**運用「占卜話術」擄獲人民的心**。

善用「理解式」的說話技巧

有些高階主管會說：「瞭解對方的心情哪有那麼簡單！」

這時候我會建議他多多**善用「理解式」的說話技巧**。

- 「說得沒錯」
- 「沒問題」（或是「辛苦了」）
- 「我懂」

這幾句話會給對方留下印象，認為你是個願意「貼近他人」、「理解他人」的人。

這樣的說話方式會讓對方的心情從「才不是那樣」變成「沒錯、沒錯！」，對你瞬間

改觀。

技巧22

拉響對方的「內心警鈴」，取得共鳴

「恐懼」×「無法原諒」×「風趣」的川普式說話術

「引發共鳴的說話方式」的第二個技巧是：**激起對方的情緒，取得說話者和聽話者之間的共鳴**。

☑ 川普擅長不斷對聽眾拋出「情緒大砲」，製造團結氣氛

各位回想一下「共鳴王」川普的說話方式。

「墨西哥的非法移民大多是強姦犯」、「拜登是社會主義的特洛伊木馬」。

他十分擅長營造「共同的敵人」，包括中國、非法移民、WHO、民主黨等，透過痛罵這些敵人在支持者的心中埋下「憤怒」和「恐懼」等負面情緒的種子。

這種作法**會讓群眾感到團結，獲得戰勝敵人的快感**。

藉由取笑、貶低、不把敵人放在眼裡，來激起群眾的「憤懣」（ressentiment，想報復強者的怨恨心情），讓人感到大快人心。

這種說話方式聽起來就是痛快又風趣。

「恐懼」×「無法原諒」×「風趣」。

利用這三者的加乘作用，正是川普說話的特徵之一。

不停拋出「情緒大砲」，激起支持者的情緒，讓人產生一種類似宗教信仰的團結氣氛與忠心。

這雖然是**不被允許的獨裁者手法**，不過人總是會輕易地瞬間掉入這種情緒的漩渦中。

人是「情緒的奴隸」

據說人一天會做出大約三萬五千多個決定，**比起合乎邏輯的理性思考，這些絕大多數都是靠直覺決定**。

諾貝爾經濟學家丹尼爾．康納曼（Daniel Kahneman）也主張，「人類的大腦有兩大系統：『系統Ｉ直覺性地快速判斷事物』和『系統Ⅱ理性地仔細判斷事物』，其中人較容易依賴系統Ｉ而做出直覺性的判斷。」

也有實驗顯示，大腦主掌情緒的部位受損，將會導致人無法做出決定。

換言之，**人是「情緒的奴隸」**。

因此，**不論有再多的佐證和研究資料，說得再合乎邏輯，除非你能打動對方的「情緒」，否則都無法說服對方，也沒辦法得到對方的共鳴**。

一旦「內心警鈴」大作，人就會採取行動

據說全球暖化的影響，從長遠來看會助長COVID-19的疫情危機。

可是即便研究資料如此顯示，但是因為其中的因果關係並不明顯，所以一般人仍然不為所動。

只有當問題發生在自己周遭，自己也有可能受到直接波及的時候，人的**「內心警鈴」**才會大響，促使人採取行動。

這是因為在感到「恐懼害怕」時，人為了生存，**身體會本能地出現「Fight, Flight, Freeze」（戰鬥或逃跑或原地不動）的生理反應**。

川普之所以會透過發言煽動群眾的「恐懼」和「憤怒」，也是因為他很清楚這些情緒是喚起人民行動和動機非常重要的關鍵。

技巧 23

利用「感嘆法則」讓對方感染你的情緒

你的發言能讓對方有所感嘆嗎？

如果想知道自己是不是已經學會運用「引發共鳴的說話方式」，以下有個簡單的方法可以確認。

☑ 情緒會「傳染」

雖說人是「情緒的奴隸」，不過關於情緒更重要的一點是，**不同於理性，情緒會互相「傳染」**。

能夠喚起「憤怒」、「開心」、「恐懼」等強烈情緒的事情，通常也具備強大的傳染力。

時下所謂的「爆紅」、「網路論戰」等，就是這麼一回事。

遇到會激起情緒反應的事件時，理性邏輯等也只能舉白旗投降。

如果理性邏輯可以成功讓人採取行動，也是因為背後喚起了對方某種情緒的緣故。

你有辦法讓對方做出感嘆反應嗎？

如果想知道自己的發言是否打動對方、產生共鳴，有個簡單的方法可以確認，就是**「感嘆法則」**。

在說話之前可以先想像**對方在聽完之後會做出哪些感嘆反應**。

◉你的發言能讓對方做出哪些感嘆反應？

「啊！」	想起來	「哇～」	佩服
「不錯喔」	稱讚	「不會吧……」	害怕
「嗯」	同意	「哼」	厭惡
「什麼！」	驚訝	「咦～」	出乎意料
「耶！」	開心	「唉」	感嘆

前頁就整理了一些常見的感嘆反應，大家可以自行參考。

如果覺得「對方聽完可能不會有什麼反應……」，**說話時就記得要多加點「情緒」吧**。

技巧24 運用「故事」魔法緊緊抓住對方的心

世界頂尖菁英們個個都是說故事高手

引發情緒的化學反應最有效的方法就是**「說故事」**。

這是因為**比起無趣的「邏輯」，人更容易對「故事」產生共鳴**。

我所遇過印象最深刻的「說故事高手」

日本的經營者總是喜歡說一些無趣的經營理論或是抽象的論點，事實上，一流的領導者通常都很會「說故事」。

在我所見過的高階主管當中，印象最深刻的還是日本電產的永守重信會長。他的「氣場」十分強大，而且一口京都腔說起話來讓人感覺「既優雅又風趣」。

我到現在還清楚記得他提到自己小時候的故事。

小時候家裡很窮，常常連吃的東西也沒有。
有一天我到同學家看到從沒見過的食物。
那是叫做「牛排」和「起司蛋糕」的東西。
因為實在太好吃了，我簡直不敢相信這世上竟然有這麼美味的東西。
我問同學他的爸爸是做什麼的，他告訴我「社長」。
所以從那天起我就立志要當社長。

他接連不斷說了好幾個故事，讓人印象十分深刻，以至於如今都已經過了將近二十年了，我還清楚記得他那時候的表情。

在那次之後我又因為工作見過他幾次面，不論何時見到他，都會被他足以改變周遭氣氛的氣魄和活力所折服。

世界頂尖「說故事高手」實例

軟銀集團的孫正義社長也經常會說起自己小時候的窮苦和創業時候的故事。不只這些人，綜觀世界，真正的頂尖菁英們個個都是一流的「說故事高手」。

被譽為「全公司沒有人討厭他」的共鳴型領導者，Google執行長皮查伊，在二〇二〇年送給當年畢業生的演說影片十分令人感動。

他透過自己從小在印度貧窮家庭長大的故事，呼籲畢業生要「懷抱希望」。

> 我到十歲才第一次接觸到電話，在念研究所之前，我連電腦都沒有碰過。
>
> 為了給我買一張機票到史丹佛念研究所，我父親幾乎花了他一整年的收入。
>
> 那也是我第一次搭飛機。
>
> 在美國的生活非常辛苦，一個背包就相當於我父親一個月的薪水。

亞馬遜集團創辦人貝佐斯二〇二〇年七月在美國眾議院聽證會上也說過這麼一段故事。

> 我母親生我的時候，還只是新墨西哥州阿布奎基的一名17歲高中生。
>
> 當時高中生懷孕是不被接受的。
>
> 她念的是夜間部，有個老師願意讓她帶著孩子來上課，於是她每天揹著兩個背包去上課。
>
> 一個裝課本，另一個則是裝滿尿布和奶瓶……

接著他提到自己繼父的故事。他的繼父是古巴移民，後來收養了四歲的貝佐斯。

最後，他把亞馬遜是如何發展成如今大型集團的過程，全部一五一十地向在場的議員們娓娓道來。

這種歷經辛苦、失敗和挫折，最後擁抱成功的**「Rag to Riches」（白手起家）出人頭地的故事**，不論古今中外，總是能吸引眾人的心。

人的專注力比金魚還短？

上艱澀難懂的課讓人覺得痛苦，但如果是有趣的電影或電視劇，再久都看得下去，一點也不覺得累。

上述提到的這些**人物故事，都會刺激人的大腦，促使大腦分泌腦內荷爾蒙**。

換言之，因為大腦分泌讓人感到興奮和緊張的腎上腺素，或是使人放鬆的催產素等荷爾蒙，情感受到刺激，所以人才會聽得入迷。

除此之外也會引發**「吊橋效應」，也就是當彼此都感到緊張、心跳加速時，會拉近彼此之間的距離**。

據說**人的專注力比金魚還短**，聽話聽個幾秒鐘，如果覺得無趣就不會再聽下去了。

尤其在遠距辦公、社群媒體時代，這種傾向只會愈來愈明顯。

滔滔不絕地讓人聽著無趣的話題，只不過是「時間小偷」罷了。

故事才能駭進聽話者的大腦。

正因為如此，**世界頂尖菁英們才會如此重視「說故事」的技巧**。

技巧25

用「Before」、「After」、「領悟」編出「30秒的故事」

透過「簡單公式」編出最吸引人的內容

每個人一定都有「值得分享的故事」

日本前首相菅義偉最常掛在嘴邊的一句話是「我是秋田的農家小孩……」，不斷強調自己「非菁英」的身分。

之所以這麼說，是因為他很清楚這種故事能夠輕易地引起人民的共鳴。

也許有些人會覺得自己「不像這些人吃過苦，也沒有什麼了不起的成就，沒有故事可以拿來分享」。

不過，其實**每個人一定都有「值得分享的故事」**。

不只個人故事，企業的故事、創業當初的辛苦談、研發背後不為人知的秘密等，這些都會讓故事更具吸引力。

有一次，某位製造商大老闆請我幫他撰寫一份針對國外的演講稿。

我打算運用故事的方式來呈現該公司透過管理改革奇蹟復活的過程，可是光靠一大堆數據資料，根本吸引不了聽眾的注意。

後來，那位老闆隨口說了一句：「有人說我們公司『就跟○○○一樣（著名寓言故事的主角）』」，這讓我得到靈感，於是便建議他「既然如此，乾脆就把企業比喻成那個主角來說故事吧」。

把公司比喻成克服困難、蛻變成全新自我的主角，這樣的故事情節雖然獨特大膽，不過在他優異的演說技巧之下，最後還是成功獲得滿堂采。據說該場演講還成為聽眾最喜歡的演說之一。

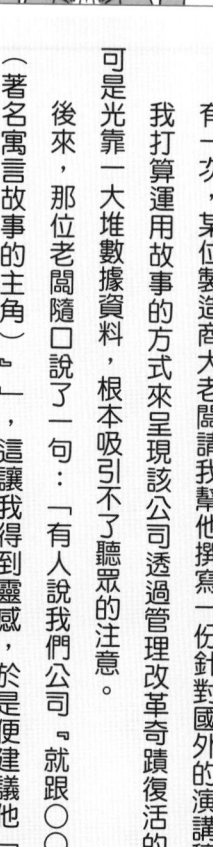

如果談話充滿艱澀難懂的詞彙，或是一大堆英文之類的內容或抽象的論點、事實、資料等，只會讓聽話者聽過就「秒忘」。

先從「30秒說完的故事」開始嘗試

故事的力量無法言喻，不過在日本，尤其是商場上，大部分的人對於大談自己的故事還是會有所顧慮。

既然如此，**一開始可以先嘗試「30秒說完的故事」**。

「故事」通常必須具備三個要素：

「Before」、**「After」**，以及**「領悟」**。

Before	受盡欺負的不幸女子
After	公主
領悟	拿出勇氣才能找到幸福（灰姑娘）

Before 戰爭、鬥爭
After 和平
領悟 唯有同心協力應戰，才有辦法得到圓滿的結局（大部分的動作電影）

把這個簡化成以下簡單的公式，就能運用在個人身上。

Before 其實我以前……
After 做了〇〇才成為今天的我。
領悟 這讓我體會到……

順帶一提，以下是我的故事。

Before
其實我以前是個非常害羞、怕生的人。

不敢跟不認識的人說話，更別說是在大家面前開口了。
於是我決定到紐約百老匯的戲劇學校修讀課程。

After

一開始很痛苦，好幾次都想放棄。
不過隨著不斷練習、投入角色之後，我變得不會再在意他人的眼光。那時我突然懂了。

領悟

「怕生」到了極點，也就麻痺沒有感覺了。
所以到頭來不過就是「習慣」的問題罷了。

本來很胖的人，後來成功瘦身；原本老土的人，變成時尚達人。這種「Before＋After＋領悟」的「故事」，總是能吸引大家看到最後，不是嗎？
各位也可以嘗試著發掘**自己身上最具吸引力的「人生轉捩點或改變的故事」**。

第5章

不知不覺地「策動他人」！

——會說話的人「情感邏輯兼具」的說服的技巧

利用「情感邏輯兼具的說話技巧」提升說服力

第3章介紹了「邏輯性」的說話技巧，第4章則提到觸發情緒的「情感性」的說話技巧。不過，**世界頂尖的菁英分子通常會巧妙地合併使用這兩種技巧來做出「具說服力的發言」**。

如果想從單純的「說明」，進階到能打動人心的「說服」，就必須提升「語言的力量」才行。

其實只要換句話說，**或是簡單加一句話，發言的影響力就會加倍，輕易便能「煽動」他人情緒**。

因此，接下來在這一章要介紹的是「情感邏輯兼具」的說服技巧，**具體教大家如何運用「邏輯」和「情感」有效地策動他人**。

技巧26

運用「激發五感的說詞」讓對方「看見畫面」

別再只會說「無法讓人看見畫面的話」了

許多日本高階主管不論是在面對社內或社外，發言都會出現以下的固定模式。

過去的日本（國際）經濟……

【針對經濟、政局、企業環境等狀況的說明。經常會出現「國際化」、「數位科技」、「不確定性」、「進化」、「變化」、「新常態」、「後疫情時代」等】

在這當中，我們公司／我們部門……

【公司的經營理念、沿革、經營計劃等】

在這裡，各位……

【心態或是對日常工作的態度、期望見到的行動等。一定會出現「創新」、「改變」、「化危機為轉機」等說詞】

這就是常見於日本高階主管的說話方式。

這種發言通常只會讓人左耳進右耳出，是名符其實的「廢話」。

如果再加上損失的時間、士氣和商機等，可真的是莫大的經濟損失。

☑ 說話要讓對方「看得見畫面」

「鬥志」、「結構改革」、「創新」……

這些**「廢話」的特徵就是充滿無法觸發情感的事實和抽象的詞彙，而且完全無法讓人腦中出現任何「畫面」**。

以下兩種說法，哪一句會讓你腦中浮現清楚的畫面呢？

> **A** 她是我最好的朋友。
>
> **B** 小一的時候，第一個坐在我旁邊的人就是她。她頂著一頭妹妹頭，有著圓滾滾的大眼睛，一口整齊的牙齒看起來就像玉米，笑起來就像惡作劇被抓到一樣，讓人印象深刻。

這種**「Show, don't tell」的技巧**，跟第3章提到的「漢堡說話術」同樣都是美國小學生必學的**最重要的溝通技巧**。

簡單來說就是**說話要讓對方「看得見畫面」**。

舉例來說，他們被嚴格要求不能用太多**「沒有畫面的詞彙」**，像是「say」（說）、「go」（去）等，而是要改用「mutter」（嘀咕）、「scurry」（匆忙）等這類**「descriptive（描述性、說明性）的用法」**。

甚至就連**「angry」（生氣）、「young」（年輕）**這一類的說法，也都要改用別的詞彙來表現。

因為畢竟「年輕」一詞無法讓人想像到底是小學生還是大學生。

賈伯斯和高田明身上值得學習的說話技巧

舉例來說，在賈伯斯知名的史丹佛大學畢業演說中，他就利用以下的表現來取代「過去生活貧困」的說法。

> 我沒有（大學）宿舍，而是睡在朋友房間的地板。
>
> 為了有錢買東西吃，我甚至會回收可樂空瓶來換取5美分的退瓶費。每個星期日還會走路到7哩外的奎師那神廟，只為了能吃到一頓溫熱的食物。

朋友房間的地板，可樂空瓶，每個星期日……

這些細節描述把語言變成像紙戲劇一樣，成了一幅畫面呈現在聽眾眼前。

日本電視購物公司「Japanet Takata」的創辦人高田明，也是一位擅長「畫面說話術」的高手。

他除了針對商品特色做說明以外，還會讓觀眾看見商品使用的「畫面」。

這支手機可以用來錄下寶貝孫子參加運動會的樣子喔。

有了手機，就能看到住在遠方的寶貝孫子每天的成長。

另外，如果餐廳的菜單是這樣描述餐點，是不是很棒呢？

・使用小豆島橄欖牛製成充滿肉汁的特製醬燒漢堡排
・淋上法國頂級松露油的香脆薯條

這些針對稀有性和口感、香氣、視覺等的細節描寫，都會刺激人的五感。

如果想藉由說話打動對方的心，記得**在「視覺」和「感受」的用詞上多花點工夫**吧。

技巧27

厲害的領導者都是「數字魔術師」利用「精準的數字」讓人留下印象

避免使用「大略的數字」，為發言製造生動感

數字只要用得好，也能用來製造「視覺」和「感受」。

在疫情之下，每天的確診人數都會讓大家的心情跟著起起伏伏。不過，即使同樣是兩百人，根據前一天的數字不同，會給人完全截然不同的感覺。

如果每天一直維持在差不多的數字，久了人會變得麻痺，也不會特別覺得擔心。

數字雖然看似絕對，**事實上是極度「相對性」的東西，藉由不同的表現方式，可以輕易地操控他人的印象**。

中國富豪、阿里巴巴集團創辦人馬雲曾經說過這麼一段話：

大學畢業後，我應徵了30間公司，全都沒被錄取。
肯德基在中國開店的時候，24個人應徵有23個人被錄取，我是唯一那個沒有被錄取的人。
後來我去考警察，5個人當中錄取了4個人，還是只有我被刷下來。
就連哈佛我也申請了10次，每一次都被拒絕。

他不說「很多間」或「好幾次」，**反而是透過精準的數字來突顯自己不輕言放棄、持續挑戰的個性**。

☑ 放入「沒有四捨五入的精準數字」，避免使用「大略的數字」

活用數字會讓說話變得更生動，增加說服力。

╳我們公司的事業版圖遍及各行各業。

○我們公司擁有健身房、餐廳等33個健康相關的事業。

×很多客戶都有引進我們的產品。

○全球一共有98國、12,356家公司都有引進我們的產品，全球市佔率高達61%。

×業績大幅提升。

○業績相較前年增加了98%，幾乎是2倍之多。

避免使用「大略」的說法，利用「沒有四捨五入的精準數字」來強調規模和印象。說話時精準地在重要的時刻拋出數字，也可以營造出「能幹」的個人形象。

這也是為什麼頂尖菁英們個個都是**「數字魔術師」**的原因。

技巧28

數字要能表現出「相對性」，讓人看出「意思」

數字看似沒有生命，其實具備強大的「情緒力量」

如果把數字當成「說服材料」來使用，比起數字本身，更重要的是**能否透過數字所代表的稀少性或巨大轉變、非比尋常的規模等，來引發對方的情緒**。

因此，這時候就不能只是單純說出數字，應該利用以下方法**呈現數字的「相對性」，讓人看出數字代表的「意思」**，例如「非常多」、「大幅增加」等。

- **變化率**（30倍、減少9成）
- **跟大家熟悉的數字做比較**（相當於○個東京巨蛋、大約8成的日本人口等）

數字具有「情緒力量」

A 第一個月的生存率是89％
B 第一個月的死亡率是11％

A 日本有0.01%的人口患有此疾病
B 日本有1萬2千人患有此疾病

以上A、B兩句話的意思相同，可是B聽起來是不是感覺比A來得多呢？損失和風險比較容易讓人感覺到嚴重性，而且**即使數字相同，比例、百分比、總數等不同的表現方式，給人的印象也會截然不同**。

可見**數字雖然看似沒有生命，其實也具備強大的「情緒力量」**。

技巧29

根據「一個人的臉勝過一百萬人」的法則將說話對象鎖定單一族群

時間、場合、人物、地點等，鎖定範圍愈小愈容易產生畫面

在美國相當嚴重的種族歧視問題，因為一名男性黑人——喬治・佛洛伊德（George Floyd）的死，最後演變成一場龐大的示威運動。

敘利亞的難民問題雖然很嚴重，但輿論卻遲遲沒有採取任何行動。然而，一張3歲溺斃男童屍體被海浪沖上岸邊的照片，卻震撼了全世界。

比起幾百萬人的苦難，一個人的悲劇反而能打動大家的心。

根據美國賓州大學華盛頓學院教授們的研究：

比起「非洲馬拉威面臨糧食短缺問題的三百萬名孩童」的募款訊息，

「馬利的一名7歲小女孩Rokia」所募得的捐款更多。

這在學術上稱為**「可辨識生命」**與**「統計性生命」**的差異。

「一個人的死亡是悲劇，一百萬人的死亡就只是個統計上的數字而已。」

這是前蘇聯獨裁者史達林說過的一句話。

簡單來說意思就是，**能不能看見對方的臉，會對人的想像力和共鳴造成非常大的差異**。

把說話對象和內容鎖定在單一範圍

大家可以試著把這個**「一個人的臉勝過一百萬人」的法則**，運用在日常生活的對話中。

也就是說，**說話時要把對象和內容鎖定在單一範圍**。

×Ａ公司是零食製造商
○Ａ公司是那個大家都知道的知名零食的製造商
×全公司員工請做～。
○◎◎事業部的人請做△△。
××事業部的人請以□□為目標努力。
×運動健身。
○打造腰部曲線、鍛鍊美臀、鍛鍊二頭肌
×他是個顧家的人。
○他每天早上五點半就起床準備家裡四個人的便當。
十分重視營養均衡的他，便當裡一定包含20種食材，就連便當袋也是自己手工縫製的。

- 不是幾百人，而是1人
- 不是全公司，而是某部門或某員工
- 不是全身，而是某個部位

・不是那個人整體，而是能表現出其個性的象徵性的一幕或故事
・不是全部商品，而是最常見的一項商品

時間、場合、人物等，盡量鎖定每個範圍，如此一來可以讓對方更容易產生畫面，讓你說的話更具說服力。

完美「自我介紹」的技巧

這個方法也能應用在自我介紹上。

與其說「容易對事物著迷」，應該說「我曾經專心一意地削蘋果，最後成功削出8公尺長的蘋果皮」。

與其說「經歷過○○事業部和××事業部，現在是□□部門的課長」，應該說「我花了一輩子的時間研究超導現象」。

以上兩個例子，後者的說法都更容易讓人印象深刻。

以下是某魅力型領導者為新進員工大會演說所做的其中一段練習。

接下來你們雖然會遭遇挫折，但是千萬不要放棄。

他原本的說法是像這樣平淡無奇。

於是，我要求他**「試著形容一下新進社員會經歷的挫折和煩惱，讓大家更容易想像那畫面」**。

也許在工作上會一直做不好，一個人躲在店裡角落擦著不甘心的眼淚……

透過這種說法，他讓台下每個新進員工對未來自己可能經歷的情景有了想像。

「多虧了妳，大家都覺得我的演說相當精采！」他開心地說。

傑夫．貝佐斯「如放映機般」的投影式說話術

經常在演說中帶入故事的亞馬遜集團創辦人貝佐斯也十分擅長這種「描寫式說法」。

> 有一年夏天旅行發生了一件事，當時我應該是十歲左右。我坐在汽車後座，祖父開著車……

他在普林斯頓大學的畢業演說中談到自己小時候的一段回憶。

他告訴正在抽菸的祖母吸菸有何害處，沒想到害得祖母哭了起來。後來祖父告訴他：

「當個善良的人比當個聰明的人更困難。」

他擷取自己人生中的一幕，像放映機一樣在台下聽眾的腦海裡投射出畫面。

面對人生故事，比起大箱子，選擇用小箱子來盛裝回憶的人，才會幸福快樂。

不要貪心，先從身邊的小故事開始練習吧。

技巧30

跳脫框架思考，運用「沒聽過的說法」來比喻

向比喻高手學習使用「最強的語言暗器」

在說服對方的時候，經常會用到**「譬喻或比喻的手法」**，也就是把難以理解的現象比作常見的事物。

希臘哲學家亞里斯多德曾說過：**「最厲害的事情就是成為隱喻高手。」**

由此可知，**一個簡單的「比喻」就能深深地左右人的想法**。

根據史丹佛大學的研究，如果將犯罪比喻成「病毒」、將重視更生的解決方案比喻成「猛獸」，會有更多人認為懲罰性的解決對策是必要的。

另外也有研究顯示，「如嬰兒肌肉般」的比喻說法，會在聽話者的大腦裡喚起實際觸摸到的身體感覺。

也就是說，**比喻是能瞬間給大腦帶來刺激的「最強的語言暗器」**。

向比喻高手學習——孫正義社長、永守重信會長、東京都知事小池百合子

在我所見過的經營者當中，說到**「比喻高手」**，應該就屬**孫正義社長和永守重信會長**了。

這兩人只要一開口就是譬喻。

孫正義社長

「就像豆腐是一塊、兩塊地數，公司業績也應該要做到能一兆、兩兆地數。」

（譯註：日文中「一塊」和「一兆」的發音相同）

「疫情讓獨角獸們（投資標的未公開的企業）全都倒了。」

永守重信會長

「玉露的茶葉渣不比上等番茶好。」

「社長必須像太陽一樣。」

兩人和UNIQLO的柳井正社長被並稱為「吹牛三兄弟」，不過柳井正社長說話的口吻較為正經，溝通方式也和兩人截然不同。

孫正義社長和永守重信會長說話打比方就像呼吸一樣自然，之所以這樣，**背後隱藏的其實是他們「希望用最簡單明瞭的方式傳遞訊息」的熱情**。

東京都知事小池百合子同樣也是眾所皆知的比喻高手。

東京都知事小池百合子

「橫肉四溢的巨大肥胖城市。」

「以為自己是社長，其實只是中階主管。」

這種充滿畫面感的譬喻實在相當高明。

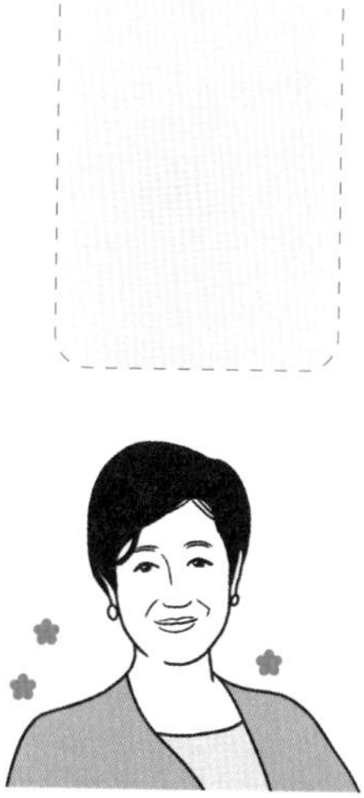

運用「大家都沒聽過的說法」來比喻

比喻的妙趣就在於那讓人拍手叫好的幽默感。

太簡單、一下子就想到的比喻，例如「天使般的睡顏」、「像冰一樣冷酷」等，或是字典裡常見的說法，都不會讓人留下深刻印象。

既然要比喻，就要試著**用創新、不常見的說法，也就是「大家都沒聽過的說法」來比喻**。

「如鋼鐵般堅固的意志」聽起來了無新意。

但是如果換成「意志有如新幹線冰淇淋一樣強硬」的說法呢？

就像玩聯想遊戲一樣，盡量找出符合「要比喻」的事物的形狀或特徵的說法來比喻。

利用明確的事物來比喻，而且比喻和被比喻的東西之間要有落差，也就是**「將完全不同類別的說法擺在一起比喻」，比較容易讓人印象深刻**。

技巧31

先利用「神奇說詞」打開對方「非聽不可」的開關

表現「接下來是重點，你一定要聽喔」的技巧

前面介紹了稍微改變一些說法就能瞬間提升說服力的說話技巧，最後在這裡要介紹的是其中**最簡單、也是最有效的技巧**。

我從事企業高階主管的媒體訓練工作已經很多年了。我會透過模擬記者會和採訪，指導學員應該如何聰明應對。

美國的媒體訓練當中有個叫做**「舉旗」（Flagging）**的技巧。

意思是說到關鍵訊息時就高舉旗幟表示：

「這是我想表達的重點，請務必注意聽好了。」

A　簡報最重要的是「熱情」。

B　關於做簡報的重點，只有這一點希望各位一定要牢記。……那就是「熱情」。

B的說法是不是讓人印象比較深刻呢？

簡單來說就是**在說到想強調的訊息之前，先透過「神奇說詞」開啟對方大腦的記憶開關**。

「神奇說詞」實際運用範例

說到「神奇說詞」的例子，還有以下這些說法。

- **今天我希望大家一定要記住的只有一個重點，就是……**
- **重點大致分為兩個。**

- **接下來這一點各位一定要聽仔細。**
- **請大家想像一下。**

看到這些，各位是不是也都馬上豎起耳朵了呢？

這些說法都是在提醒對方「接下來我要說的很重要，一定要牢記在心」。

利用「停頓」使人感到「焦急」

「神奇說詞」的使用重點在於，說完「神奇說詞」之後要稍做停頓。藉由「停頓」讓對方感到「焦急」，更想知道接下來要說的內容。

其他喚醒聽話者注意力的說詞還有：

・只～
・僅僅
・現在立刻
・只有
・只限
・限定

購物平台就經常會出現這類的用詞。

像是「這個價格可不是天天有」、「數量有限」等。被這些「欠缺」和「稀少」說法煽動而產生的飢餓感，會促使人立刻採取行動。

就像疫情造成口罩和衛生紙大缺貨的現象，也能驗證這一點。

只要懂得運用一句話或一個數字背後不可計量的龐大力量，每個人都可以成為「說服高手」。

第6章

徹底拋開緊張！贏得滿堂采！

——風靡聽眾的超一流簡報技巧

讓你即刻變身簡報達人的必勝技巧

我現在的工作雖然是指導日本的高階主管如何做出一場成功的簡報，不過其實以前我非常害怕面對人群。

「有沒有什麼方法可以讓即便害怕人群的膽小鬼，也能面對勇敢群眾？」

以前我對自己的說話方式相當自卑，為了改變，我嘗試了各種簡報技巧，也遠赴美國向高手拜師，不斷自我精進。

我全心全意投入學習，最後整理出**許多關於簡報的必勝技巧，包括如何快速消除緊張、大聲開口的方法等**。

接下來在這一章就為大家公開**這些秘訣**。

技巧32

透過簡報學習「不緊張訣竅」

豐田章男社長所謂的「完美簡報的秘訣」是？

各位是否有這種感覺呢？一面對群眾就覺得聚光燈彷彿完全聚焦在自己身上，台下聽眾的視線有如「利箭」不斷朝自己射過來……

老實說，我自己以前就是這樣。

名校教會我的「真相」

一對一的對話勉強還能應付，可是一面對群眾，「視線恐懼症」就不禁發作……

為了改變這種情況，我決定拿自己作為「改造」的實驗對象。

在美國，學習溝通技巧的選擇多如繁星。

從簡報、演說、即興劇、說故事、聲樂訓練、肢體語言學校，到「害羞研究所」等正統的大學研究機構，我每天就是隨機挑選著去上課、去學習。

這些課程一開始通常都會有活動身體的「破冰活動」。這是我最痛苦的時候。

我會一直緊張著「萬一記錯別人的名字怎麼辦？」「萬一動作做錯怎麼辦？」……

後來，我跑到以《穿著Prada的惡魔》電影成功走紅的女星安·海瑟薇也上過的百老匯知名演藝學院上課。

當時我們演了一部短劇，我自願演出一名「潑辣的妓女」，在所愛的男人的葬禮上，和對方的妻子面對面。

經過不斷結巴、忘詞、犯錯的失敗之後，我完全拋開原本對「完美」的堅持，開始變得大膽。當臉上的妝容和服裝都變身成「角色」，徹底變成自己以外的他人時，我的心情不禁開心、興奮了起來。

這不是「我」，是「第二個我」。

我彷彿聽到一直以來將我緊緊困住的「外殼」破裂的聲音。

☑「拋開自尊，當個傻瓜吧」

- 溝通本來就沒有唯一的「正確答案」。
- 藉由徹底變成「角色」，「跳脫」自我意識，自然擺脫「說話」的緊張感。
- 透過不斷練習，身體會記住角色的台詞和動作，成為一種「肌肉記憶」。
- 「丟臉」久了就不會在意了。

我在演藝學院一口氣學會了這些道理。

簡單來說就是**「拋開自尊，當個丟臉的傻瓜吧」**。

豐田章男社長發現的簡報不緊張的技巧

在日本的社長當中堪稱高手級溝通達人的豐田汽車社長豐田章男先生，在接受公司刊物採訪時被問到「完美簡報的秘訣」，當時他的回答如下：

面對群眾時，人難免會覺得「害羞」，或是「想表現得帥氣一點」，畢竟是人嘛。不過我唯一的建議是，把這些全部拋開，就不會緊張了（笑）。

意思是說，**再也沒有比裝帥更丟臉的事了**。

豐田社長是日本社長中少見以賈伯斯風格的方式上台做簡報的人。

他的作法當初在保守的業界引發不少反感，但是他毫不退縮，繼續以誇張的肢體動作和笑容帶動現場的情緒與氣氛，讓台下聽眾聽得開心入迷。

他這種鼓起勇氣拚命「取悅」聽眾的表現背後，應該是想藉由這股強烈的熱情來展現

自己覺得「過去的作法已經行不通」的巨大危機感。

「當個傻瓜」、「放棄裝帥」，這才是提升簡報力的第一步。

技巧33

運用「yo-ho法則」打破自己的「外殼」

方法意外地簡單

事實上，我的「學生」幾乎都是自尊心很強、幾十年來一直篤信「男人應該沉默寡言」、「以心傳心」的「大叔」。

要讓他們主動脫下那堅不可摧的「盔甲」，並不是件簡單的事。

因此，為了打破他們的「外殼」，我想到的方法就是**「yo-ho法則」**。

方法只有大喊三聲「yo-ho」

方法很簡單。

①想像自己「在爬山，正站在山頂上」，這時候大喊三聲「yo-ho」，邊喊要邊想像自己聲音像放射線一樣傳送到對面的山頭。

②第一聲用「Do」的聲調，第二聲用「Mi」的聲調，第三聲用「So」的聲調。不用太在意音準，只要有慢慢提高聲調就好，音量也要跟著變大。

③喊完第三聲之後，馬上以同樣的聲調和音量說出簡報的第一句話。

換言之就是

「yo-ho」「yo-ho」「yo-ho」「大家好！」

這個練習的目的在於**讓自己習慣提高聲音的力道和張力**。

一般人在做簡報的時候，一開口通常都只是第一聲「yo-ho」的聲調和音量。這種沒有精神、沒有張力的聲音，不可能吸引聽眾的注意力。

當然，真正上台做簡報時「yo-ho」只要喊在心裡就行了。

只不過，**什麼都不做就直接開口說話，跟用第三聲「yo-ho」的力道開口說話，給人的印象會截然不同**。

做簡報必須暫時踏出「舒適圈」

簡報主講者可分為兩大類型，一類是**只做情報介紹的「Informer」**，另一類是**打動人心的「Performer」**。

要從前者「提升」到後者，必須暫時解除「限制」，從自在的「舒適圈」走出來。

也就是說，**如果能藉由「yo-ho法則」打破害羞的「重力之牆」，接下來就能在「無重力空間」裡自由自在地發揮，成為「無敵」的主講者。**

有位汽車相關的某大企業領導者，要在國際性的大舞台上以賈伯斯風格的方式進行簡報。

除了「yo-ho法則」以外，他也挑戰了許多突破自我「限制」的「任務」。經過數十次的練習，終於脫胎換骨。

最後，他成功做出一場完美的簡報。他全心全意付出努力的態度，也讓一路走來一直看在眼裡的工作人員大為感動。

「謝謝妳讓我成功突破自己！」他說這句話時臉上的滿溢笑容，至今還深深烙印在我腦海裡。

技巧34

透過「隔空握手」達到與聽眾之間的「心意相通」

靠一句「大家好～」扭轉全場氣氛

簡報的時候，**一開始的30秒是和聽眾達成「心意相通」的關鍵時刻**。

☑ 等待「大家好～」的「回音」出現

請大家再回想一下上一節提到的「yo-ho法則」。

如果在山上大喊「yo-ho」，通常都會等著聽到「yo-ho」的回音，對吧？簡報也是一樣。

上台之後，眼睛先看著台下的聽眾，用充滿活力的聲音跟大家打招呼：

「大家好～」

接著**先「停頓」下來不要說話，直到聽到來自聽眾的「好～」的「回音」**。

簡報時會緊張是身體的本能反應，因為感覺就像自己被陌生敵人包圍，所以會心生恐懼。

歐美國家的握手文化也是起源於因為透過這個動作，可以互相確認對方手上沒有武器。

如果能馬上知道眼前的不是敵人，就沒有必要害怕了。

因此，**這一句「大家好～」，簡單來說就是跟聽眾之間的「隔空握手」**。

透過這句話就能成功與聽眾達到心意相通，解除大腦的緊張。

技巧35

向池上彰和高田明學習提升簡報共鳴的「提問法則」

簡報不是「獨角戲或自言自語」

日本人做簡報很可惜的是，很容易會變成以下的感覺：

「孤伶伶地站在投手丘上不斷默默投球的投手。」

「對著牆壁一個人打球的『對牆擊球』。」

由於**只有單方面在說話，所以只會給人一種冗長、充滿距離感的感覺**。

簡報是「對話和言語的傳接球」

簡報應該是「對話和言語的傳接球」，而不是「獨角戲或自言自語」。

創立維珍航空的英國知名創業家理查．布蘭森（Richard Branson），原本是個非常不擅長做簡報的人。

後來他告訴自己：

「我只是在跟會場上的朋友聊天而已。」

各位也可以像這樣**把簡報想像成是跟會場上的每個人對話**。

✕ 在數位科技不斷進步的時代，電信網路成了相當重要的一項社會基礎建設。

↓

○ 各位在居家辦公的時候，有沒有也遇過什麼問題呢？是不是也曾發生過網路不穩、連不上線之類的情況？在現在這個數位時代，電信網路的基礎建設可以說是整個社會最重要的一環。

提問能把「聽話者捲入話題中」，比起只有自己一個人默默唸著稿子，這種方式更能製造臨場感和共鳴。

向兩位高手學習「提問法則」

對這種提問說話術尤其擅長的人包括經常出現在電視上的新聞記者池上彰先生，以及「Japanet Takata」的創辦人高田明先生。

仔細聽這兩人說話會發現，他們會用**「～呢？」**、**「沒錯吧？」**來提問。

這就是所謂的**「提問法則」**。

只要運用這個法則，你也能讓自己的簡報從「一個人自言自語」，迅速變成和聽眾雙方面的對話。

技巧 36

用「？」取代「。」一個小動作，效果大不同！

簡報達人都愛用「？」

不會做簡報的人，可以試著**把「。」改成「？」**。

☑ 只是把「。」改成「？」，就能贏得對方好感

把「。」改成「？」，只要改變這麼一個簡單的表現方式，你會發現你的**簡報從原本「單方面的自言自語」，變成「和對方一來一往的互動」，而且對方也會開始對你產生好感**。

這個技巧除了可以運用在簡報上，也能應用在聊天的時候。

因為溝通本來就是以「對話」開始，也在「對話」中結束。

分析知名YouTube頻道「TED Talks」中點閱率最高的前25個簡報影片會發現，這些簡報都具備以下三個特徵：

①引人發笑

②贏得掌聲和笑聲

③拋出許多提問

這些影片共有579個「？」，「。」則有3910個。

換言之，**以「。」結束的句子跟「？」的句子，也就是問題或提問句兩者的比例應該要是6：1**。

從這一點可以知道，**「？」就是簡報達人的必殺技**。

技巧 37

千萬別用「自我介紹」和「感謝」作為簡報的開場

簡報「一開場的震撼力」是勝負關鍵！

「我是剛剛主持人介紹的岡本。」

想必很多人都是像這樣做簡報時從自我介紹開始。

不過，大多時候其實在自己上台之前，

①司儀早已介紹過名字和經歷。

②會議手冊或流程表上都有簡報者姓名，聽眾早就知道名字。

事實上，**以自我介紹作為開場，是無趣的簡報最典型的作法**。

簡報一開始就要放出「釣餌」

「感謝主辦單位的邀請」

「呃，我現在有點緊張……」

這些也是常見的「失敗開場」。

致謝的部分可以放到最後再說，或者，做出一場成功吸引人的完美簡報，就是對主辦單位最好的感謝。

另外，透露出自己的緊張當然也可以，不過這只會讓台下聽眾也跟著你一起緊張起來。

把簡報一開始的寶貴時間用來自我介紹或表達謝意，實在太可惜了。

因為**再怎麼說，簡報的開場最重要的還是「震撼力」**。

一開場如果沒有馬上放出「釣餌」緊緊抓住聽眾的心，很快就會失去聽眾的注意力。

簡報「開場30秒的震撼力」就是勝負關鍵。

大家一定要把這一點謹記在心。

技巧
38

透過「5大開場技巧」在簡報一開始就抓住聽眾的注意力

「TED Talks」最受歡迎前十大簡報的秘密技巧

接下來就為大家介紹在簡報開場的30秒成功「抓住聽眾注意力的方法」。

簡報的5大開場技巧

以下就從「TED Talks」點閱率最高的前十大簡報影片中整理出值得學習的5種開場技巧，並搭配範例為大家做介紹。

簡報開場 ❶

幽默——事先準備好肯定不會出錯的說法

早安，你們好嗎？
這次大會實在很精采，這一切都讓我太震驚了。
所以我現在要離開了。

這是英國思想家肯·羅賓森（Kenneth Robinson）在「TED Talks」的一場簡報開場。這場名為「學校扼殺創意」的演說同時也是「TED Talks」點閱率最高的一場演說。

這段開場讓全場哄堂大笑。

幽默雖然是難度非常高的一種「抓住人心的方法」，不過只要事先準備好肯定不會出錯的說法，通常都能瞬間炒熱全場氣氛。

簡報開場 ❷

驚奇——「意想之外」通常會讓人印象深刻

很不幸的，在接下來我演說的這18分鐘內，就有四個美國人會因為飲食不當的問題而死亡。

英國名廚傑米．奧利佛（Jamie Oliver）在「給予孩童飲食教育」演說的一開場，就以這麼一個驚人的數據震驚全場。

或者，**大家也可以帶一些「少見的物品」到現場呈現在大家眼前**。

出人意料的「驚奇」通常都會讓人印象深刻。

簡報開場 ❸

說故事——小故事也好，藉此拉近和聽眾的距離

我先從這件事開始說起好了。

兩年前，有個活動策劃打電話給我，

> 她說……

美國研究家布芮尼・布朗（Brene Brown）在「脆弱的力量」演說中，先是以身邊的一則小故事作為演說的開場。

故事的「哏」當然最好要跟主要想傳遞的訊息有關，但是**即便只是當天發生的小插曲，也能拉近跟聽眾之間的距離**。

簡報開場 4 提問——最常見的開場方式

> 你會怎麼解釋，當事情不如我們所想的一般時？
>
> 你如何解釋，當其他人能夠完成似乎違反所有假設的事情時？

美國知名顧問賽門・西奈克（Simon Sinek）用「偉大的領導者如何激勵行為？」一問開始他的演說。

拋出問題是最常見的開場方式。

各位也可以試著以會讓人有所領悟，或是引人興趣、好奇的問題來抓住聽眾的心。

簡報開場 5

告白——只要靠「其實……」，就能完全「抓住人心」

首先我想坦承一件事。

二十年前，我做了一件讓我後悔至今的事情。

美國作家丹尼爾．品克（Daniel Pink）在「讓人意想不到的激勵科學」演說中以一個讓人有點意外的告白揭開序幕。

每個人都會被他人的秘密無條件地吸引。

「其實有件事到現在還一直困擾著我……」

這句話是不是會讓你很好奇接下來對方要說什麼呢？

「其實……」

只要用這句話，就能完全「抓住人心」。

技巧39

利用「其他5大吸引技巧」加強聽眾的印象

我印象最深刻的「渡邊恆雄先生的演說開場」

除了上一節提到的5種簡報開場，其他還有幾個技巧也很值得大家學習。

以下就是**「其他5種優秀的簡報開場技巧」**。

①「請各位站起來」、「請大家深呼吸」等聽眾參與型的小活動
②播放影片
③引用知名台詞或格言作為開場
④做出大膽的宣言
⑤描述情景，讓聽眾在腦中想像

以上這些都是經過篩選、最值得推薦的技巧，其實除此之外還有上百種不同的開場方式。

最讓我印象深刻的例子是當年在讀賣新聞的新進員工大會上，總裁渡邊恆雄的致詞。

他上台一開口就說：**「我會在7年後死去。」**

所謂瞠目結舌，指的應該就是當時台下每個人的表情吧。

如此大膽的「宣言」，讓人不禁感到驚訝，心想「這個人果然不是簡單的人物！」。

「吸引人的技巧」不只能用在開場。

想要牢牢抓住現代人的心，一定要下點小工夫，在整場簡報中不時加入一些**讓人「歡笑」、「驚訝」、「聽得入迷」的小技巧**。

技巧40

聲音決定了40%的印象「抑揚頓挫」比「音量」更重要

用同樣音調大聲嚷嚷，就跟政治人物的街頭演說一樣吵人

說到簡報，也有很多人會問到關於「聲音」方面的問題。

也就是「要怎麼用好聽的聲音來說話？」。

☑ 聲音決定了40%的印象

根據「麥拉賓法則」，**人的第一印象大致來說「外表佔50%」，「聲音40%」，「說話10%」**。

雖然在日本有句話說「人九成靠外表」，不過，其實**外表給人的印象不會超過五成，**

但是聲音帶來的影響卻高達近四成，這一點很多人都不知道。

「聲如其人」。

這是以前帶我做聲音訓練的老師說過的一句話。

這句話的意思是，聲音是一面鏡子，能夠反射出一個人的個性和本性。

聲音最重要的是「抑揚頓挫」和「變化」

聲音最重要的不是「音量」。

大聲說話**只會讓自己聽起來就像用同樣音調大聲嚷嚷的政治人物的街頭演說**。

以前我的聲音一直出不來，讓人聽得很辛苦。這一點讓我困擾已久。

於是，我在紐約的時候就去請教了一位本身也是演員的資深聲音教練，學習百老匯劇場的發聲法。

那些課程讓我從科學的角度對發聲的構造和方式有了清楚的瞭解，其中令我驚訝的是，**發聲其實是一種全身性的運動，而且聲音其實就是呼吸**。**一個好的聲音，關鍵是必須全身徹底放鬆，將身體裡飽滿的氣慢慢吐出來。**

意外的是，在經過有如運動會般的高難度訓練之後，例如一邊滾動身體一邊練習發聲等，我竟然也能發出驚人的洪亮聲音了！

☑ 還要注意掌控說話速度，例如「說到關鍵字要放慢速度」

說話速度也很重要，一直用蝸牛的緩慢速度說話會令人感到無趣，太快又會讓人聽不懂。

舉例來說，**「說到關鍵字應該放慢速度」。像這樣隨時掌控說話速度，也是簡報非常重要的一環**。

綜合以上內容，簡單來說**聲音最重要的就是「抑揚頓挫」**。

這就好比如果整首曲子都是同樣音調，也沒有任何大小聲和速度上的變化，不一會兒就會讓人聽不下去。

有如搭雲霄飛車般忽上忽下，速度忽快忽慢。

這種變化才是一個成功簡報的關鍵。

技巧41

3個基本動作就能讓你輕鬆發出「好聲音」

大舌頭也沒關係！磨練「聲音深度和個性」的秘訣

很多高階主管都有「說話大舌頭」的困擾。

這時候我要說的是：「口齒清晰，但是說話沒有內容，只會給人膚淺的感覺。」

比起說話的清晰度，更重要的是「聲音的深度和個性」。

所以接下來我要針對對自己的聲音沒有自信的人，介紹幾個很有用的**秘密技巧**。

想要增加年收入，必須先壓低聲音？

說到「有魅力的聲音」，各位會想到誰呢？

舉例來說有像是馬丁・路德・金（Martin Luther King）、溫斯頓・邱吉爾（Winston Churchill）等人。

如果不是這些深入人心的聲音，歷史也許會變得不一樣吧。

在日本的領導者當中，創立京瓷公司的稻盛和夫他那厚實的聲音和強大的氣場，特別令我印象深刻。

當時他雖然低著頭看著手中的資料，但是他那有如聲明（譜曲誦經）般渾厚低沉的聲音，聽起來十分具有魄力。

沒錯，有一說認為**魅力的關鍵其實就是這種「低沉的聲音」**。

美國杜克大學的研究得到一個非常驚人的結果：**聲音低沉的男性CEO比其他的CEO，年收入高出十八萬七千美元**。

大家也都知道，**英國第一位女性首相柴契爾夫人為了擁有低沉的嗓音，還特地接受了聲音訓練**。這一點從她前後不同時期的影片就能看得非常清楚。

聲音就是呼吸！何謂3大基本動作？

相反地，「高昂的聲音」較能展現年輕活力和熱情，例如比爾·蓋茲、孫正義社長和高田明先生等，就是這一類的聲音。

不過，高田明先生平時的聲音，比大家常在公開場合聽到的要來得更低。

他只有在客戶面前才會為了製造「個性」而刻意提高音調和張力。

低沉嗓音顯得威嚴和穩重，高昂的聲音會給人容易親近、充滿年輕活力的感覺。明白這一點的說話達人，通常會視場合不同，策略性地使用不同高低的音調來說話。

例如在鼓勵、激勵對方的時候會用「高昂的音調」，在責罵的時候改用「低沉、有威嚴的聲音」來展現強硬的態度。

我剛說過「聲音就是呼吸」，基本動作如下：

①用鼻子大口吸氣，把肚子裡的「水瓶」裝滿空氣。

②用嘴巴吐氣，肚子往內縮，像擠牙膏一樣擠出肚子裡的空氣。

③隨著吐氣張大嘴巴發出聲音。

輕鬆改變聲音高低的秘密技巧

其實有個**很厲害的技巧可以在瞬間變換高低聲音**。

方法很簡單，就是：

發出聲音的時候，**如果把注意力擺在頭頂，聲音就會變高；注意力擺在肚臍，聲音就會變得低沉**。

人是藉由聲帶發出的聲音與口腔、鼻腔、肺等部位產生共鳴來發出聲音。

所以只要把共鳴的部位移到身體上半部，發出來的聲音就會比較高；共鳴部位愈低，聲音就愈低沉。

簡單來說，聲音代表的就是你這個人。

大家可以試著**透過鍛鍊「聲音」來培養或提高「自信」**。

技巧42

跟YouTuber學習遠距溝通的6大「說話」技巧

為「聽懂」、「看懂」所投注的驚人努力和熱情，相當值得學習！

線上會議雖然方便，但是相對地就像現在有所謂的「螢幕倦怠」（Zoom Fatigue），**線上溝通會給大腦帶來非常大的負擔**。

人類的表情多達25萬種

據說**人類的表情多達25萬種，而且談判交涉時60%～80%會受到肢體語言的影響**。

在面對面交談時，大腦能瞬間讀取對方表現出來的「社交線索」，包括視線和身體動作等非語言認知訊號，以此推測接下來可能的對話，再透過表情和肢體語言來建立雙方之間的共感關係。

但是，透過螢幕的虛擬對話就沒辦法做到這一點。

再加上「沒有眼神接觸」、「螢幕的音質和畫質太差」、「聲音延遲、重疊」、「太注意自己的樣子」等因素，特別容易讓人感到疲倦。

甚至有研究指出，**線上會議比實體會議少了25%的說話機會**。

遠距溝通很難集中注意力

另外也有很多人反映，從聽話者的立場來說，**「遠距溝通的專注力不如面對面來得好」**。

面對面交談是以全身的五感來接收到訊息，但是透過螢幕的遠距溝通，所有訊息只能靠眼睛和耳朵接收，對說話者來說就必須更努力表達，才有辦法傳達訊息。

換言之，為了讓對方容易聽懂，調整說話速度就變得格外重要。除此之外，**在表情和簡報資料的「呈現方式」及「吸引人的方法」上，也必須多下點工夫才行**。

向YouTuber學習遠距溝通的「說話方法」和「表現方法」

遠距辦公時代的「簡報高手」，說不定就是那些人氣YouTuber。

他們**為了讓螢幕前的觀眾能夠「聽懂」和「看懂」，投注了相當驚人的努力和熱情**，這一點是值得大家學習的地方。

例如可以從以下6個地方看得出來。

①豐富的表情

像是HIKAKIN等YouTuber在說話時的表情之豐富，簡直可以說到了誇張的地步。

這種開心、高興的誇張表情，會讓觀眾也感染到快樂的心情。

②誇張的動作

光用聽的、沒有動作，也會讓人看不下去。

所以要不時加入一些動作，像是走路或跑步等。

③呈現實物，引發觀眾的興趣

拿出電玩遊戲、新商品、寵物等「實物」來吸引觀眾的興趣。

④大量使用音效

在想要強調的畫面，或是畫面轉換等時間點大量使用音效來呈現。

⑤搭配特效字幕

說到重點的時候，一定會搭配特效字幕。

這也是近來電視節目上常見的手法。

⑥用聊天的口吻說話

說話口吻就像看著對方聊天一樣，能增加親切感。

各位是否也注意到了，最近在電視上召開防疫記者會的地方首長們，也開始會運用各種圖卡來輔助說明。

這應該是為了讓一些光靠用說的無法傳達的訊息，**透過「聽覺」和「視覺」的雙重刺激，讓觀眾能夠快速理解，並且記住**。

技巧 43

從「眼睛」和「耳朵」刺激聽眾的感情穴道

LINE貼圖和Instagram受歡迎的原因

最近最受矚目的簡報人物是微軟的創辦人比爾・蓋茲。

學習比爾・蓋茲的說話方式

比爾．蓋茲的簡報值得學習的地方，在於他透過視覺和直覺性的方式來傳達訊息。

一直以來積極投入傳染病防治活動的比爾．蓋茲，在某一場簡報中拿出了一個玻璃瓶。

大家都知道，瘧疾是由蚊子傳播的。

今天我帶了一些蚊子到現場，讓各位體驗一下。我們就讓這些蚊子在這個會場裡到處飛吧。

說完他便打開玻璃瓶蓋。

這時現場一片騷動。接下來他說：

放心，這些蚊子並沒有帶有瘧疾。

溝通要能夠打動人心才有意義。

LINE貼圖和Instagram之所以受歡迎，正是因為大家可以**透過視覺方式來傳達情感**。

對於習慣使用這種軟體工具的數位原生世代來說，塞滿米粒般文字的簡報或是照本宣科的說明，當然不可能打動人心。

所以，各位**做簡報的時候，記得要從「眼睛」和「耳朵」去刺激聽眾的感情穴道**。

技巧 44

如果只能改變一個地方，那絕對就是「眼神接觸」

「日本人的眼神接觸」錯誤百出！

我擔任過無數位企業大老闆的「貼身教練」，像灰姑娘裡的神仙教母和魔法保姆麥克菲一樣協助他們「變身」。

每當被問到「有沒有什麼方法是只要改變一個小地方，就能得到最大的效果？」，我都會毫不猶豫地告訴對方答案就是**「眼神接觸」**。

根據日本研究機構的研究，觀察相互凝視的兩個人的大腦活動會發現，兩人的大腦特定部位的活動會形成同步。

也就是說，**眼神接觸會讓雙方心意相通，更容易產生共鳴**。

「日本人眼神接觸」錯誤百出的常識

不過很可惜的是，比起歐美人，日本人幾乎不太做眼神接觸，對眼神接觸的認知也是錯誤百出。

日本人常見的眼神接觸方式大多如下：

①**燈塔式**：感覺輕蔑地俯瞰全場

②**機械式**：把全場分成幾個區塊，依序看著每一個「區塊」

③**回眸美人式**：大部分時間都是看著投影片說話，聽眾只能看到講者的屁股

④**觀看網球式**：像「節拍器」一樣不停左右來回移動視線

⑤**打地鼠式**：一直看著手中的資料唸稿，偶爾才抬起頭來

這些全都是**「錯誤的眼神接觸」方式**。

正確的眼神接觸方式應該像「傳接球」

正確的眼神接觸方式不應該是打地鼠，也不是燈塔，而是要**像「傳接球」**。

就像依序傳接球一樣，每一次和一位聽眾交換眼神。

「A區的年輕女性」

「B區的中年男子」

像這樣鎖定會場上的某一個人，用聊天的方式「跟對方說話」。

這時候**只要像聊天一樣自然地做眼神接觸就好**。

重點在於能否讓聽眾產生**「主講人在對我說話！」**的感覺。

大多數的日本人在聽簡報時，反應通常都很冷淡，也不太會有表情變化，所以要做到這一點恐怕有點困難。不過如果看到有人點頭，不妨就趕快把眼神轉移到那個人身上吧。

Column ▼ 線上會議的眼神接觸「角度是關鍵」

最近我被許多企業大老闆問到：「錄製影像訊息時該怎麼說話？」

透過影像傳遞訊息的時候，最重要的是「眼神接觸」。

我通常會建議這時候要想像攝影機的那一頭有個真實的對象，把眼神牢牢地盯著對方。

另外，在線上會議時，如果鏡頭的角度太低，有時候會讓人有被藐視的感覺。

所以記得要把**鏡頭的位置調整到配合視線的角度和高度**。

技巧 45

簡報有七成的時間眼神都要看著聽眾

如果辦不到，至少「4種情況」下務必做到眼神接觸

我們經常可以看到一種情況，明明投影片或手稿上只有一行字，可是主講人卻頻頻看個不停。

這代表他心裡很緊張。

我通常會建議大家，如果可以的話，**簡報七成以上的時間眼神最好都要看著台下的聽眾**。

☑不敢做眼神接觸的人，可以利用這一招克服恐懼

如果覺得「辦不到」，至少以下「4種情況」要看著聽眾。

①一開場的30秒

②訊息量少、不需要看著稿子唸的時候

③說到想要強調的內容或訊息時

④說到「接下來」、「話說……」等轉換語氣的時候

提到「眼神接觸高手」，當然就是美國前總統比爾・柯林頓了。

據說「只要跟他眼神接觸，就會彷彿進入『現實扭曲力場』一樣被他迷倒」。

不敢做眼神接觸的人，**也可以看著對方的眉心部位**。

眼神接觸就是**和對方瞬間建立共同體關係的「厲害絕招」**。

第7章

讓每個人都成為你的瘋狂粉絲！

——魅力型領導者施展魅力的技巧

如斗篷般將自己用「魅力氣場」包圍

終於來到最後一章了。

先問大家一個問題：你是個有自信的人嗎？

我覺得**日本人相較來說大部分都顯得「缺乏自信」**。

因此，這一章我要教大家如何營造出激勵人心的「魅力氣場」。

這些技巧會告訴你如何把強大的「氣場」，像神奇斗篷般輕鬆自如地包裹全身，讓自己成為一位「魅力之人」。

技巧46

自信來自「裝出有自信的樣子」

改變溝通方式，自信也會跟著油然而生

相信很多人都有**為歐美人「充滿自信的說話方式」所折服**的經驗。

說到「自信」，有些人即便能力相當優秀，卻仍然對自己沒有自信；相反地也有人沒多少能力，卻是自信滿滿。

☑只要裝出有自信的樣子，便能擁有自信

到頭來，**自信不過只是一種「自以為是」罷了**，因此有一種思考方式是，只要讓自己的大腦覺得「我有自信」就行了。

最簡單的方法就是**「裝出有自信的樣子」**。

提出這個方法的人是哈佛大學教授艾美．柯蒂（Amy Cuddy）。方法超級簡單。只要**花兩分鐘擺出展現強勢的「力量姿勢」，自然會產生自信**。例如雙手高舉做出「超人」的姿勢，或是雙手扠腰、抬頭挺胸做出「神力女超人」的姿勢。

柯蒂的這項研究在二〇一二年於「TED Talks」公開之後，獲得極大的迴響。雖然有一段時間它的「可信度」受到質疑，不過**直到現在仍然是備受矚目的一項學說**。

研究發現，擺出力量姿勢會使大腦的壓力荷爾蒙「皮質醇」減少，相反地和自信息息相關的「睪固酮」會增加分泌。

換言之就是，**「只要裝出強大的樣子，就能真的變得強大」**。

這正是所謂的「Fake it till you make it.」（弄假直到成真）的思考方式，也就是**「裝出自信的樣子便能擁有自信」**。

有了自信之後，不僅溝通會變得得心應手，**隨著溝通方式改變，自信也會跟著油然而生**。

技巧47

日本人的「某個常見姿勢」應該特別留意別再犯

說話抬頭挺胸之所以重要的原因

如果想改變溝通方式，最關鍵的部分就是肢體語言。

美國有非常多肢體語言方面的專家，像是前FBI調查員、心理學家等。

在紐約的時候，我曾到一所由某位「撲克天才」男子創立的肢體語言學校體驗課程。

他運用自己擅長從表情和動作猜出對方手中卡牌的特殊技巧，教我們如何解讀對方的心情和假裝有自信。

其中我印象最深刻的一個思考方式是他提到：**「一個人的存在感和他所佔的實體空間大小成正比。」**

這句話的意思是，讓自己像孔雀一樣顯得愈壯大，就能達到誇示力量的效果。

這就是為什麼做簡報的時候很重要的是要盡量放大手勢，甚至可以來回走動，確保自己所佔的實體空間夠大。

說話抬頭挺胸之所以重要的原因

美國不僅地大物博，頂尖菁英們的好體格也格外引人注目。

就像有句話說「The bigger, the better.」（愈大愈好），有一說認為**「人的體格大小」也會影響到事業成功和生涯所得**。

在美國，身高6呎（約183公分）以上的人平均約有14.5%。相較之下，在全球前五百大企業的CEO當中的比例就高達58%。

根據一篇發表在美國心理學會期刊的研究指出，**身高每增加1英寸（2.54公分），年收入就會增加789美元**。

這一點當然也跟美國的企業高階主管大多是身材高大的白人男性有關，而背後似乎隱藏著**「體格好＝生存能力和戰鬥能力高」**的「unconscious bias」（無意識偏見）。

因此，對於世界頂尖的高階主管來說，他們都**相當重視一定要抬頭挺胸，劃出個人空間，放大自己的動作和手勢等**。

這也是為什麼川普總是做出「誇張的手勢」和「讓自己看起來更高大的動作」的原因。

◉世界頂尖菁英們大多身材高大

華倫・巴菲特（Berkshire Hathaway）	178公分
提姆・庫克（Apple）	183公分
史蒂夫・賈伯斯（Apple）	188公分
伊隆・馬斯克（Tesla）	188公分
巴拉克・歐巴馬	185公分
比爾・柯林頓	188公分
唐納・川普	190公分
亞伯拉罕・林肯	193公分（推測）

日本人常見的「錯誤姿勢」

視謙虛有禮為美德的日本人，反而經常在無意識間「縮小自己、讓自己看起來缺乏自信」。

舉例來說，好比**雙手重疊擺在胯部前方的動作**。

包含企業高階主管在內，所有日本人都會經常做出這個動作。不過，其實這個動作可能會讓自己看起來像是在「**遮掩重要部位＝沒有自信，隱藏不安**」。

這個姿態又被稱為亞當和夏娃遮掩身體重要部位的「無花果葉」姿勢。

做這個姿勢的時候，肩膀會不自覺地往內縮，使得整個身體看起來更瘦小。

因此，上台簡報的「基本姿勢」應該要**確實抬頭挺胸，雙手自然垂放在身體兩側，或者是十指交扣擺在肚臍上方的位置**。

雙手如果擺在腹部的位置，要做出手勢也會比較方便。

如果想讓自己看起來充滿自信，**記得兩腳要稍微打開與肩同寬，像鳥居一樣穩穩地站好**。

先把身體調整成「強大的姿勢」，如此一來自然會跟著產生「強大的心理」。

技巧48 是否具備領導力全看「語尾用詞」！「2類表現」要盡量避免使用

真正的領導者不會說廢話

日本政府高層面對疫情的表現被批評為「只會唸稿」，這些稿子都是由底下的官員擬定，冗長的文書語調難免會給人冷淡的感覺。

× 再次希望大家能夠配合。

→○再次請大家配合。

× 決定採取強化措施。

↓ ○ 加強～

× 我希望能夠盡速進行。

↓ ○ 我會盡快進行。

× 再次拜託大家，希望大家可以配合。

↓ ○ 再次請大家配合。

簡單來說就是**說法迂迴委婉、繞了一大圈**。

這種句子太過冗長，讓人很難一眼就看懂，換言之也會聽不太懂。

讓人不禁覺得可惜，**「明明只要簡潔明瞭地說話，聽起來就會更有說服力。」**

日本的高階主管也有很多人是這種「層層疊疊」的說話方式，要改掉這種習慣非常辛苦。

就像曾經有個某大型企業的高層說：「可以想到什麼就說什麼的只有創業經營者，像我們這種上班族社長是很難想說就說的。」

這種說話的表現方式，也許是注重禮貌的日本的「形式之美」。可是如果試著把這些都拋棄不用，也許就會發現這些其實都是「沒有用的裝飾」。

最應該減少使用的「2類表現」

想要快速提升領導力，首先應該盡量避免使用以下2種說法：

「我想……」

「我認為……」

以前我在當記者的時候就知道「寫文章為了避免單調，要盡量避免重複使用相同的語尾詞」。

真正的領導者不會說廢話。

是否具備領導力，一切就全看「語尾詞」怎麼用了。

技巧 49

愈是魅力型的領導者，愈懂得善用「短暫沉默」的技巧

用暫時停頓取代「那個……」、「然後……」

說到廢話，各位是不是也覺得線上會議動不動就聽到「那個……」、「然後……」很煩呢？

由於隔著螢幕會讓人聽得更專心，所以總覺得這些聽起來格外刺耳。

這些**在英文裡稱為「filler words」（填充詞），也就是「那個……」、「然後……」等用來「填補空缺」的詞彙**。

「填充詞」可以藉由一一細數來戒掉

就跟語尾詞一樣，填充詞是一種自己很難察覺的說話習慣，不過還是**可以藉由自我提醒來改掉**。

我在紐約的時候曾經加入一個名為「國際演講學會」（Toastmasters International）等傳授公開演講技巧的組織。在那裡，每一次上台演講的時候，其他學員就會在台下細數你說了幾次「填充詞」。

這麼做是因為當你知道自己的使用頻率，自然就會減少使用。

各位也可以錄下自己講手機的樣子。

也許會發現**意想不到的說話習慣**。

魅力型領導者個個都很懂得善用「短暫的沉默」

與其勉強找話來填補空缺，不如乾脆直接空下來效果更好。

這種技巧在英文裡稱為「pause」（停頓），另外像是遇到「接下來要說的很重要！」的時候暫時停頓，這種技巧則稱為**「pregnant pause」（耐人尋味的停頓）**，也就是告訴聽眾「接下來重點要來嘍！」。

遇到想要強調的重點，或者想吸引聽眾注意的時候。

魅力型領導者個個都很懂得善用這種「短暫的沉默」。

「我今天要跟大家說的重點是……『非常感謝大家看完這本書』！」

技巧50

為語言加入「感情」和「熱情」運用「看不見的能量」打動人心

可以的話就站起來，邊說邊走動

在我所見過的日本領導者當中，印象最深刻的三個人分別是孫正義社長、永守重信會長，以及ZOZO的創辦人前澤友作先生。

這三個人的共同點是都相當重視溝通，比起說話，他們身上都散發出某種「氣場」。

活力、妖氣、意志、才氣、陰氣、語氣、士氣、霸氣、激動、真心、勇氣、鬥志、幹勁、氣概、領悟、氣魄、氣質、氣力、野心……

或者也可以說是「能量」或「熱情」、「氣勢」。

優秀的領導者懂得自由操控「感情」和「熱情」

移動物體需要什麼？

答案是「能量」。人也一樣。

一位優秀的領導者，都懂得透過「感情」和「熱情」的「能量」來打動人心。

反過來說，日本高階主管的這種「能量程度」都太低了。

說話方式冷淡、缺少活力，完全無法動搖員工的心。

這種「低溫症」不僅出現在公司裡，甚至還蔓延到學校等場所。

看到老師自顧自地講課，語氣平淡而缺少高低起伏，學生們就會以為「這應該就是正確的說話方式吧」。

於是錯誤就這樣有如「香檳塔」一代一代不斷地蔓延下去。

提升說話能量的3種方法

當說話的能量提高，表情就會跟著變豐富，自然也會開始做起手勢來。

因為**手勢就是發自內在自然湧出的能力，而不是刻意的動作**。

不過對於追求低燃費的日本人來說，就算突然要他燃燒大量能量，也不是件簡單的事。所以以下就要教大家3種技巧來提升說話的能量。

①思考「自己說的話是什麼意思」

簡報和演講最忌諱的就是「照著稿子唸」。

所以**與其一字一句地擬稿，我通常會建議可以用條列的方式，把想要傳達的「關鍵字」寫下來**。

接著就是**不斷練習**。

這個時候請大家一定要去**思考「自己說的話是什麼意思」**。

某汽車製造商的簡報資料上有句話提到「奔馳的樂趣」。
可是該公司的社長在說到這句話的時候，既沒有聲調的抑揚高低，也沒有感情，只是唸過去而已。
如果他能在「樂趣」這幾個字裡加一點「興奮」的感覺，相信一定會更加打動人心。

各位有辦法**說出自己說的話是什麼意思**嗎？

因為簡報和演講的作用應該是**「傳達意思」，而不是「傳達語言」**。

②可以的話就站起來，邊說邊走動

比起一直坐著不動，從椅子上站起來、不時走動等加入一些動作，會讓說話的能力明顯提升。

有個電視節目做了一個實驗，要求歌手唱歌的時候手不能動，結果歌手唱不到一半就唱不下去了。

這是因為**站起身子、加入手部動作，能讓身體放鬆、肺部充滿空氣，音量自然也跟著**

大聲起來。

「握拳」的手勢能提升表現能力，同樣地，**走動無論是在視覺或聽覺上，都能帶來更好的效果**。

③瞭解自己的「想法」

請各位**想一想「自己想要傳達的是什麼樣的『想法』」，而不是「想要傳達什麼」**。

「想讓人興奮雀躍」、「想讓人感到驕傲」、「想讓人有嚴肅的態度」

如果是這樣，你自己本身就必須要先對這些感覺有強烈的感受。

> 必須先誠實，才有辦法打動人心。
> 必須先自己真心感動，才有辦法感動別人。
> 必須自己先流下眼淚，才有辦法讓別人流淚。
> 必須先相信自己，才有辦法讓人信服。

前英國首相邱吉爾的這番話就充分說明了「打動人心」的真正涵義。

用「5大方法」徹底濃縮改造「3密」的簡報投影片

最後，雖然跟「說話技巧」沒有太大的關係，不過很多高階主管也會問到「簡報投影片的製作方法」，所以在這裡就以特別收錄的方式為大家做說明。

你的投影片也是呈現塞滿文字、照片和圖片的「3密」狀態嗎？

簡報投影片的易看度和易懂度，會深深影響到聽眾的接受度。

看過數千位日本高階主管的簡報資料之後，我發現幾乎大部分都是**緊緊塞滿「文字」、「照片」和「圖片」的「3密」狀態**。

就像「隨你塞到滿大放送」一樣，好像不多放一點東西就會吃虧。

就算透過訓練改善了說話技巧，不過如果用的是這種簡報資料，效果一樣會減半。

可惜的是，愈是在大型企業裡，這種現象就愈是普遍，也許是以為**「只要把全部的訊息都放到投影片裡，聽眾就能全數吸收」**吧。

所以經常能看到投影片的情報量多達必要的十倍以上。

改掉這種「3密」的習慣，肯定就是提升日本人溝通能力的重點關鍵。

透過5種方法徹底刪除投影片的多餘內容

近年來國際性的簡報大多流行**「一張投影片只放一張照片和一句話」**的作法，將文字量減到最少，以視覺性的影像為優先。就連**「條列式」的作法也被認為「落伍了」**。

實際上該怎麼做呢？

以下5種方法，可以幫助各位徹底刪除投影片的多餘內容。

①不放「不做口頭說明的內容」、「不夠鮮明的畫面」、「太小不易閱讀的圖片和文字」

千萬不能把投影片當成是要「讓聽眾自己看」的東西。詳細的內容應該放在發給聽眾的紙本資料中，投影片上的資料務必要控制在最少。

②盡量避免出現「同樣的話」

舉例來說，在某大型電機製造商的投影資料中，光是只寫著「國際化」一句話的投影片就有6張！類似**這種重複出現的情況一定要盡量避免**。

③嚴禁使用「抽象、強調毅力的句子」

在同一份資料上可以看見「具恆毅力的組織」、「強化業務開發能力」、「以速度提升執行力」、「推動結構改革」、「創新的行動」、「創造顧客價值」等各種完全無法打動人心的抽象用語。

重點應該是要放入具體實例或數據、專有名詞等。以下就以「結構改革」為例子做示範：

> 結構改革的3大重點：
> ①刪減○%的人力，以降低○○億日圓的經費支出
> ②投入○○事業，增加○○%的業績
> ③工廠重新編制，提高○%的生產力

日常對話也是一樣，比起「我要靠恆毅力和速度來瘦身」，「我打算每天慢跑5公里、不吃碳水化合物，靠這種方法來減重3公斤」的說法聽起來更有說服力。

④摘要「1行10～15個字」，可以是「問題」或「答案」二選一

摘要的目標要控制在1行10～15個字以內。

方法有兩個，一個是說明該張投影片的內容概要。**只要在最後加上「?」，就是詢問投影片內容的「問題」（Q）**，例如：

「改革的方向（?）」

「計畫的課題（?）」

另一個方法是**放入在該張投影片中最想傳達的訊息，也就是答案（A）本身**，例如：

「透過3大改革成為國際第一」

「縮編直接部門，減少30億的人事費用」

不論是哪一種方法，都務必要**嚴守「一張投影片一句話」的原則**。

讓每一張投影片都有明確想傳達給聽眾的「唯一一個答案」。

⑤謹記20分鐘原則

「TED Talks」的簡報每一段上限都是18分鐘。

這是因為站在腦科學的觀點，18分鐘對聽眾來說不會太長，對主講者而言也不會太短，時間剛剛好。

所以要切記，**一段簡報最長要控制在15～20分鐘以內**。

下回在製作簡報投影片的時候，**記得利用以上這些徹底刪減文字和圖像、增加留白等「拉開內容距離」的方法來避免做出「3密」的投影片**。

獲得信賴的基本「5大法則」

最後，我想跟大家分享一個「只要做到這些，人生肯定會愈來愈好」的魔咒，也就是**溝通的基本「5大原則」**，作為本書的結束。

1 ▼「打招呼」——先主動打破「隔閡」

「打招呼」這種**理所當然、再自然不過的事情，卻連很多大人都做不到**。

☑ 打招呼的作用

不打招呼的人有各種理由，例如覺得那不過就是個儀式、嫌麻煩、不好意思開口、擔心給對方造成困擾等。事實上，打招呼能發揮強化人際關係等相當多的作用。

研究認為，跟他人之間的小交流，例如和店員之間的對話、同事之間的閒聊等，能大大提升人的幸福感。即便不是「緊密的關係」，**一些被稱為「弱連結」（weak ties）、單純而沒有約束力的關係，也能成為生活上的精神支柱**。

「你好」、「早安」、「晚安」、「再見」。

雖然只是這些話，不過你能做到最基本的「將關心和注意擺在自己以外的對方身上」，而不只是嘴巴上說說，隨口敷衍而已。

如果說不出口，也可以簡單點個頭。

這時候**記得先做到眼神接觸之後再點頭**。

這麼一個簡單的動作，就能打破人與人之間堅硬厚實的冰層，成為「破冰行動」，**大幅改變他人對你的第一印象，讓緣分、關係和人脈逐漸向外拓展**。

2 「很棒耶！」——成為讚美高手

本書在技巧9的內容中已經說明過「稱讚對方」的重要性。**日本人的稱讚偏差值是全世界最低。**

心理學上有個說法叫做「畢馬龍效應」（Pygmalion Effect），意思是「當人受到來自周遭的期待時，通常會做得比不受期待來得更好」。可見巧妙地稱讚對方能夠有效引發對方的動機。

所以大家記得要當個讚美高手。

3 「嗯，對啊」——傾聽

溝通不只是說自己想說的或是發發牢騷，**如果大家都能彼此用心傾聽對方，這個社會**

肯定會變得更加和善。

「嗯，對啊。」

這簡單的一句話，也許就隱藏著改善一切人際關係的線索。

4 「笑容」——為自己和身邊的人帶來幸福快樂

據說笑容具備的「幸福感」，相當於吃下兩千根巧克力棒。什麼都不做，只要一個笑容，就能讓人感到快樂。這是真的。

笑容能給「他人」和「自己」帶來快樂的原因

看到嬰兒天真的笑容、店員開朗的笑容、所愛的人無憂無慮的笑容，是不是會讓你感到溫暖、開心呢？

笑容是會傳染的。

大腦的神經細胞「鏡像神經元」會讓人在看到他人的行動之後，產生模仿的心理而做出反應。因此，**在這種鏡像神經元的作用之下，笑容會帶來更多的笑容**。

當你對他人微笑的時候，對方的大腦會產生「我也要做出回應」的反應，於是便產生讓雙方心情都開心的「共生關係」。

笑容不只能給他人帶來快樂，自己也會因此感到開心。

許多研究都證實，不是「心情好，所以才微笑」，而是「微笑的行為本身會讓心情變好」。

換言之就是，**不只開心、快樂會讓人臉上掛著笑容，微笑也會讓人感到開心和快樂**。

☑ 真笑＝戴著口罩也能看得出來的「發自眼睛」的笑容

什麼是真笑？

簡單來說就是**即使戴著口罩也能看得出來的笑容**。

根據19世紀中期法國神經學家杜鄉（Guillaume Duchenne）的研究，笑容分為兩種，一種是只用到嘴部肌肉的笑容，另一種是使用到從顴骨至眼睛周邊所有肌肉的笑容。他認為後者才是「真笑」。

也就是說，**發自眼睛的笑容才是真正的笑容**。

即使心情低落，不過**只是提起顴骨肌肉做出「笑容」，沒多久心情就會變好**。

各位可以試著咬住一支鉛筆。

如何？

是不是覺得心情慢慢變好了呢？

「我們永遠不會知道一個簡單的微笑能做多少好事。」——德蕾莎修女

各位一定要相信**笑容所具備的無限可能的力量**。

5 ▼ 說出「感謝」——把「感謝」變成「體質」

在技巧9同樣也有提到「感謝」的作用。

經科學研究證實，感謝的心情會帶來各種正面效果，包括**「快樂」**、**「樂觀思考」**、**「提升關係」**、**「健康」**、**「達成目標」**、**「達成任務」**、**「減少身體疼痛」**、**「包容與共鳴」**、**「優質睡眠」**、**「增加自我肯定感」**等。

透過寫下感謝的心情或是說出口，能把「感謝」變成「體質」，**這樣的人，自然會吸引更多人追隨**。

自尊也好、丟臉也好、面子也好，這些都是出自「利己角度」的想法。

只要**站在「為他人」的「利他角度」**，以上這5個舉動一點也不難做到，連帶地也能**源源不絕地贏得「信賴」這種現代的貨幣**。

結語

「關係力」才是在接下來的時代生存下來的關鍵能力

我相信**每個人或多或少都有某些人際煩惱**。

人類原本就是社會性動物，具備社會性的特質。

人會從原本的「生存需求」，開始慢慢尋求溫暖，試圖建立並維持與他人的關係。

每個人的心底都存在著某種**「對關係的渴望」**，倘若壓抑這份渴望、將自己孤立，將會導致成癮、犯罪、精神不安、缺乏幸福感等。

可是，如果勉強自己困於同儕壓力或束縛等「約束性強的關係」中，只會感到痛苦。唯有**和他人之間建立亦近亦遠的關係，人才有辦法擁有自主和真正的自由**。

這個社會不斷地鼓勵大家提高「對孤獨的耐性」，例如「一個人也沒關係」、「要一個人堅持下去」等。

可是，人不是「一個人能孤獨生存下去的動物」，而是「互相協助支持、一起活下去的動物」。

再說，雖然害怕與他人產生「摩擦」，不過很多東西都是由這種摩擦轉換成能量所創造出來的。

因此我可以很肯定地說，**無論何時、何地、對象是誰，「關係力」才是在接下來這個艱困的時代生存下去的關鍵能力**。

本書最終的目的，就是帶領大家一起提升這種「關係力」。

我將說話方式相關的基本概念依照情況做整理，**統整成好記又簡單的50個技巧，方便**

大家利用短暫的時間練習，就像每天整理打掃和運動一樣。

這些「公式」讓大家可以很輕鬆地**只要代入文字或數字，就能組合出適當的句子，解決「我應該說什麼」的困擾**。

請各位務必從今天開始，把這些技巧活用於日常的對話中。

相信大家的說話方式一定會有明顯改變，連帶地與他人建立良好關係的「關係力」也會大幅提升。

你有勇氣打破名為「自己」的殼嗎？

提升溝通能力的關鍵就在於打破「自己」的殼。

「我想讓大家聽我說話」

「我想讓自己看起來很酷」

「我想吸引注意」

這一類自我中心的想法，沒有辦法為自己帶來長久、舒服的「關係」。

比起投出快速球而暗自得意，**投出「對方容易接住的球」、輕鬆地不斷來回傳接球，這才是溝通的理想狀態。**

所以，**瞭解對方的心情並且感同身受的「共鳴、同理心」（Empathy）**就成了必備的能力。

前面內容曾提到，現在世界領導者的溝通模式已經從「教練型」，漸漸轉變成「共鳴型」。據說**現在大家也一致認同「『共鳴』是領導力的最新潮流」，全美有2成的企業都有為員工提供這方面的訓練**。

「共鳴」是接下來的時代最重要的溝通關鍵字，不過相對地，當中也隱藏著危險性。

也就是說，共鳴是和自己的親人或擁有相同想法的人之間共有的感覺，可是對除此以外的人，**就有可能產生敵意**。

對黨或地域、國家等同胞的共鳴，雖然能夠強化群體內部的團結，但是另一方面也可能導致「對群體以外的人做出攻擊」。

耶魯大學心理學教授保羅・布倫（Paul Bloom）就指出：「**『同理心』會產生偏見，使人攻擊非我族類的敵人。**」

因此，**對於「同理心」這種可能演變成極端的感情移入而出現排他或攻擊性行為的極限，我們也必須要有所瞭解才行**。

必須**客觀看待情感，做出理性的行動，追求更高層次的「共鳴」**，而不能掉入這樣的「陷阱」當中。換言之，也許可以說**適用於全人類的「同情」（Compassion），才是我們所必須具備的能力**。

徹底改變人生的「神奇技巧」

「為」他人「著想」。

「為某人」

「為某樣東西」

懂得站在這種「利他角度」去思考，人才有辦法從封閉自我的微小「外殼」中破繭而出。

如此一來才能**更客觀地瞭解自己，更輕鬆地與他人建立關係**。

哈佛大學等的長年學術研究告訴我們一個結論是：**人的快樂不是來自財富或成功的事業，而是決定於和他人之間的關係**。

「說話能力」就是連接這種關係的「線」。

利用這條「線」或織、或接、或編、或是打結的各種方法。

這本書所提供這些**「神奇技巧」**，如果可以讓更多人找到豐富人生的「關係」或「連結」或「緣分」，對我來說就是最大的喜悅。

期盼今後能和大家建立更多的「連結」，也期望各位接下來可以建立更多的「關係」。

2020年10月8日

岡本純子

＊本書參考文獻及論文請見https://www.glocomm.co.jp/

【作者簡介】

岡本純子（Okamoto Junko）

高階主管演說訓練師兼溝通策略師，有「『說話技巧』傳奇私人教練」的封號。「Glocomm」公司社長。日本早稻田大學政治經濟學院政治系畢業，英國劍橋大學國際關係學碩士。曾任美國麻省理工學院比較媒體研究客座研究員。1991年就職於日本讀賣新聞，擔任財經記者，採訪過軟銀集團孫正義社長等多名國際知名財經人士和政治家。2001年辭掉記者工作赴美從事媒體研究，隨後進入日本電通公關公司（Dentsu Public Relations）就職，開始以「公關顧問」的身分接觸日本高階主管媒體與演說訓練的工作。

2014年再次前往美國紐約向演員、大學教授、企業高階主管、聲音訓練師、肢體語言和簡報專家等學習「世界級領袖」的溝通技巧。回國後創立「Glocomm」公司，針對企業高階主管提供溝通訓練與企業公關服務，並持續以記者身分進行報導活動。

結合報社記者時代鍛鍊出來的「語言化能力」和「表達力」，以及在紐約學到的「表現力」和「科學知識」，從事「頂尖菁英『簡報、演說』私人教練」的工作，對象包括大型都市銀行、商社、電機製造商、汽車製造商、通訊公司等日本代表性大企業和外資體系的領導者，以及政府官員、政治家等。

截至目前已經為上千名大老闆和企業幹部傳授「不外傳的溝通技巧」。學員們「說話技巧的驚人改變」讓她深受好評，獲得「『說話技巧』傳奇私人教練」的稱號。

固定在「東洋經濟Online」及「PRESIDENT Online」等網站撰寫專欄，定期針對「鍛鍊溝通力」發表最新文章。

最高說話術/岡本純子作；賴郁婷譯. -- 初版. -- 臺北市：春天出版國際文化有限公司, 2022.11
面； 公分. -- (Progress；20)
譯自：世界最高の話し方
ISBN 978-957-741-567-7(平裝)
1.CST: 人際傳播 2.CST: 說話藝術 3.CST: 溝通技巧

192.32 111010628

最高說話術

世界最高の話し方

Progress 20

作　　者◎岡本純子
譯　　者◎賴郁婷
總 編 輯◎莊宜勳
主　　編◎鍾靈
出 版 者◎春天出版國際文化有限公司
地　　址◎台北市大安區忠孝東路4段303號4樓之1
電　　話◎02-7733-4070
傳　　真◎02-7733-4069
E－mail◎frank.spring@msa.hinet.net
網　　址◎http://www.bookspring.com.tw
部 落 格◎http://blog.pixnet.net/bookspring
郵政帳號◎19705538
戶　　名◎春天出版國際文化有限公司
法律顧問◎蕭顯忠律師事務所
出版日期◎二〇二二年十一月初版
　　　　　二〇二三年七月初版八刷
定　　價◎399元

總　經　銷◎楨德圖書事業有限公司
地　　　址◎新北市新店區中興路2段196號8樓
電　　　話◎02-8919-3186
傳　　　真◎02-8914-5524
香港總代理◎一代匯集
地　　　址◎九龍旺角塘尾道64號 龍駒企業大廈10 B&D室
電　　　話◎852-2783-8102
傳　　　真◎852-2396-0050

ISBN 978-957-741-567-7